Ralf Heselhaus
Tropische Laubfrösche

Ralf Heselhaus

Tropische Laubfrösche

2., überarbeitete und
erweiterte Auflage

49 Farbfotos
4 Zeichnungen

VERLAG
EUGEN
ULMER

Die erste Auflage dieses Buches ist 1987 unter dem Titel „Laubfrösche im Terrarium" in der Edition Kernen (Reimar Hobbing Verlag) erschienen.

Die Deutsche Bibliothek-CIP-Einheitsaufnahme

Heselhaus, Ralf:
Tropische Laubfrösche / Ralf Heselhaus. –
Stuttgart: Ulmer, 1992
  ISBN 3-8001-7246-1

© 1992 Eugen Ulmer GmbH & Co.
Wollgrasweg 41, 7000 Stuttgart 70 (Hohenheim)
Printed in Germany
Einbandgestaltung: A. Krugmann, Freiberg a. N.
mit einem Foto von Ralf Heselhaus
Lektorat: Ulrich Commerell
Herstellung: Wolfgang Dvorak-Stocker
Gesamtherstellung: Ludwig Auer GmbH, Donauwörth

Vorwort zur 2. Auflage

In den immergrünen Regenwäldern der Tropen leben die Laubfrösche in einer beeindruckenden Artenvielfalt. Selbst auf kleinen Arealen von wenigen Quadratkilometern Durchmesser kommen mitunter mehr als ein Dutzend verschiedener Arten vor. Durch ihre enorme Anpassungsfähigkeit haben es die Laubfrösche verstanden, die verschiedenen ökologischen Nischen des Regenwaldes optimal zu nutzen. Im Laufe der evolutionären Entwicklung haben einige Arten bemerkenswerte Brut- und Überlebensstrategien entwickelt. Der Riesenbeutelfrosch *Gastrotheca ovifera* ist zum Beispiel nicht mehr auf ein Kleingewässer zum Absetzen der Kaulquappen angewiesen: Seine Nachkommen durchlaufen ihre gesamte Entwicklung in einer speziellen Bruttasche auf dem Rücken und kommen als fertige Fröschlein auf die Welt.

Neben den Bewohnern der tropischen Regenwälder werden im vorliegenden Buch aber auch Arten besprochen, deren Lebensraum sich durch den Wechsel von Regen- und Trockenzeiten auszeichnet. Die afrikanischen Riedfrösche *Hyperolius* überdauern zum Beispiel Trockenzeiten, die für die meisten Laubfrösche tödlich wären.

Das interessante Leben der tropischen Laubfrösche können wir am besten im Terrarium beobachten. Die meisten Arten lassen sich problemlos pflegen und züchten, so daß sie ideale Terrarientiere darstellen. Auch ihre überwiegend nächtliche Aktivität ist kein Nachteil, da die meisten Terrarianer gerade in den Abendstunden Zeit für ihr Hobby finden.

Leider werden die Erfolge engagierter Liebhaber bei der Haltung und Zucht von tropischen Laubfröschen und vielen anderen Terrarientieren von den zuständigen Behörden nicht honoriert. In einer Novelle zur Bundesartenschutzverordnung sollten sogar „Positivlisten" eingeführt werden, nach denen nur noch einige wenige Tiere gehalten und gezüchtet werden dürfen. Solche Listen leisten keinen Beitrag zum Artenschutz, da sie der eigentlichen Ursache für den weltweiten Artenrückgang, nämlich der Zerstörung von Lebensraum, nicht entgegenwirken können.

Die Neuausgabe dieses Buches, das zuvor unter dem Titel „Laubfrösche im Terrarium" in der Edition Kernen erschienen ist, wurde deutlich erweitert und verbessert, wofür ich dem Verlag Eugen Ulmer herzlich danke. Dadurch war es möglich, vor allem die Hyliden aus Mittel- und Südamerika, die in der Terraristik von besonderem Interesse sind, mit einer Reihe weiterer Arten darzustellen.

Dieses Buch bietet zunächst einen Einblick in die faszinierende Welt der tropischen Laubfrösche und macht mit den Grundzügen der Terrarienhaltung vertraut. Im Artenteil werden schließlich die meisten terraristisch bekannten Arten aus den Familien Hylidae, Hyperoliidae und Rhacophoridae mit ausführlichen Informationen zur Verbreitung, zur Pflege und Zucht vorgestellt.

Für die kritische Durchsicht des Manuskriptes danke ich Dr. Heinz Wermuth, Freiburg. Matthias Schmidt, Münster, gilt mein Dank für die Zeichnungen und für wertvolle Biotopangaben.

Münster, im Frühjahr 1992
Ralf Heselhaus

Inhaltsverzeichnis

Systematische Betrachtung

Froschlurche (Anura) sind eine sehr erfolgreiche Tierordnung, was sich in der großen Artenzahl widerspiegelt. Es existieren rund 3500 Arten, die auf 27 Familien mit 245 Gattungen verteilt sind. Von den 27 Familien interessieren uns im Rahmen dieses Buches diejenigen, deren Angehörige wir gemeinhin Laub- oder Baumfrösche nennen. Hier sind zunächst die eigentlichen Laubfrösche aus der Familie Hylidae zu nennen, die aus 31 Gattungen mit etwa 300 Arten besteht. Zu den Hylidae zählen so bekannte Gattungen wie *Agalychnis* (Greiffrösche), *Gastrotheca* (Beutelfrösche), *Phyllomedusa* (Makifrösche) und natürlich die Gattung *Hyla* selbst.

Neben den Hylidae werden Vertreter aus drei weiteren Familien beschrieben, die den Glasfröschen (Centrolenidae), den Riedfröschen (Hyperoliidae) und den Ruderfröschen (Rhacophoridae) angehören. Wenngleich diese Frösche im systematischen Sinn keine „Laubfrösche" sind, gibt es viele Gemeinsamkeiten hinsichtlich ihrer äußeren Gestalt, ihrer Lebensweise und ihrer Brutbiologie. Die auffälligste Gemeinsamkeit zeigen die Laubfrösche, die Glasfrösche, die Riedfrösche und die Ruderfrösche in ihrer Lebensweise. Die Angehörigen dieser Familien verfügen über große Haftscheiben an den Fingern und Zehen, die ihnen ein Leben auf Bäumen und Büschen ermöglichen. So gesehen sind all diese Frösche „Laubfrösche".

Eine Beschränkung auf eine der genannten Familien schien mir im Rahmen eines Buches für den Terrarianer nicht sinnvoll, da jede dieser Familien Gattungen und Arten enthält, die von bedeutendem terraristischen Interesse sind.

Die Eroberer

Laubfrösche sind Eroberer. Trotz ihrer großen Abhängigkeit von Temperatur und Feuchtigkeit bewohnen sie alle Erdteile. Lediglich in der lebensfeindlichen Antarktis kommen sie nicht vor.

Die meisten Arten leben im Gebüsch und auf Bäumen, andere auf dem Boden oder im Wasser. Sie besiedeln das Flachland ebenso wie die Gebirge und kommen sogar noch in 3000 m Höhe vor. Ihre größte Artenvielfalt erreichen sie in den Tropen, doch gibt es sie auch in trockenen Gebieten, ja sogar in Wüsten.

Die Besetzung der verschiedensten Lebensräume erfordert von den Laubfröschen einen hohen Grad an Anpassung. Frösche, die zum Beispiel in heißen, trockenen Gebieten leben, benötigen Überlebensstrategien, um nicht der Tageshitze zum Opfer zu fallen.

In der westafrikanischen Savanne, einem der trockensten Gebiete unserer Erde, lebt ein kleiner Frosch, der wie alle Frösche auf Feuchtigkeit angewiesen ist. Es handelt sich um *Hyperolius viridiflavus*, ein etwa 2 cm großes Fröschchen aus der Familie der Riedfrösche (Hyperoliidae), die in Afrika die dort fehlenden Hyliden vertritt. Während der trockenen Jahreszeit hat er mit Überhitzung, Wasserverlust und einer intensiven UV-Strahlung zu kämpfen. Wie schafft er es, in dieser – für einen Frosch eigentlich tödlichen Umgebung – zu überleben?

Einen Beitrag zur Klärung dieser Fragen verdanken wir den Würzburger Zoologen F. Kobelt und K. E. Linsenmair. Sie untersuchten die Haut von *Hyperolius viridiflavus* und stellten fest, daß morphologische Veränderungen eine wesentliche Rolle bei der Anpassung an die Bedingungen der Trockenzeit spielen. *Hyperolius viridiflavus* hat sich nach den Untersuchungen der beiden Wissenschaftler durch die Ausbildung von drei verschiedenen Hauttypen den extremen Umweltbedingungen angepaßt. So verfügt der Frosch über die „dorsale Haut" der Körperoberfläche, die „ventrale Haut" der Unterseite und die „rote Haut" der Beckenregion. Die Hauttypen enthalten Chromatophoren (Farbzellen) verschiedener Art und Zusammensetzung, die die Farbgebung des Frosches in Abhängigkeit von den Umweltbedingungen steuern können.

In der feuchten Jahreszeit sind die Tiere hellbraun gefärbt, während sie in der trockenen Jahreszeit ihre Farbe in ein strahlendes Weiß verändern. Weiß erscheinen die Frösche auch bei Temperaturen über 37° C. Dadurch vermeidet *Hyperolius viridiflavus* eine Überhitzung, da ein Großteil der Sonneneinstrahlung reflektiert wird.

Für die Einschränkung des Wasserverlustes spielen nach Einschätzung von F. Kobelt und K. E. Linsenmair Sekrete aus

Schleimdrüsen eine Rolle. Sie überziehen die gesamte Haut mit einem dünnen Film und reduzieren dadurch den Feuchtigkeitsverlust.

Diese Vermutung kann ich als Terrarianer bestätigen. Bereits 1982 habe ich in einem Aufsatz über *Hyperolius* Ausführungen zu diesem wirksamen Schutz der Frösche vor Wasserverlust gemacht. Damals war mir aufgefallen, daß meine *Hyperolius marmoratus* tagsüber im Ruhestadium wie „lackiert" aussahen. Obwohl die Frösche direkt unter der Beleuchtung saßen und die Umgebung korktrocken war, zeigten sie abends noch immer eine feuchtschimmernde Haut. Zu Beginn ihrer Aktivität in den Abendstunden streiften die Frösche ihren Überzug regelmäßig in Fetzen ab. Dann suchten sie den Wasserteil auf, offenbar, um den tagsüber erlittenen Feuchtigkeitsverlust auszugleichen. In der Natur nehmen *Hyperolius* wahrscheinlich Tautropfen auf, um die Trockenzeit überstehen zu können. Bei *Hyperolius viridiflavus* leistet hier die „rote Haut" der Beckenregion Erstaunliches. Sie ist sehr dünn und mit warzenartigen Erhebungen ausgestattet. Zwischen den Warzen liegen Hohlräume, in denen Wassertröpfchen eingeschlossen, gesammelt und schließlich aufgesaugt werden.

Während der Trockenheit am Tag bedeckt der Frosch mit seinen Extremitäten die rote Haut und schützt sie dadurch vor Wasserverlusten. Nur wenn Tau verfügbar ist, bringt das Fröschchen seine feuchtigkeitssammelnde rote Haut mit der Luft in Kontakt.

Hyperolius viridiflavus ist demnach nicht nur ein Eroberer, sondern auch ein Überlebensspezialist.

Nachtaktive Tropengeister

Im Dunkel der Nacht, wenn wir die Hand vor unseren Augen nicht erkennen können, fühlen sich Laubfrösche wohl. Den Tag haben sie an ihrem Ruheplatz verschlafen, erst am Abend werden sie wieder munter.

Bei manchen Arten dauert es recht lange, bis sie „aufgestanden" sind. Die Greiffrösche, zum Beispiel der Lemurengreiffrosch *Phyllomedusa lemur*, machen nach dem Aufwachen eine halbstündige „Abendgymnastik": Der Rumpf wird mit Pumpbewegungen durchgeknetet, hin und wieder wird ein Hinterbein weggestreckt und zwischendurch herzhaft „gegähnt". Im Anschluß an diese abendliche Übung begeben sich die Frösche auf Futtersuche.

Ihre Augen sind nun stark hervorgetreten und ihre Pupillen weit geöffnet. Die Augen der speziell an das Nachtleben angepaßten Greiffrösche arbeiten sozusagen als „Restlichtverstärker". Die Regenbogenhaut des Auges läßt sich bei diesen „Nachtgeistern" bis an den Augenrand zurückziehen, so daß durch die nun übermäßig große Pupille noch genügend Licht auf die Netzhaut fällt.

Tagsüber müssen die Greiffrösche ihre empfindlichen Augen vor dem Tageslicht schützen. Während des Schlafens bedeckt der Rotaugenlaubfrosch seine Augen mit einem netzartigen Augenlid. Wenn er tagsüber aufgeweckt wird, fällt eine rubinrote Iris auf, die die Pupille bis zu einem kleinen Schlitz verengt. Wie wirksam dieser Lichtschutz funktioniert, demonstrierte mir einmal ein Weibchen des Rotaugenlaubfrosches, dem es ziemlich „egal" war, daß es normalerweise lichtscheu zu sein hatte. Trotz eingeschalteter Beleuchtung ging das Tier auf Futterfang und ließ sich dabei sogar mit einer 1000Watt-Filmleuchte filmen; ein sicher ungewöhnliches Verhalten für einen nachtaktiven Laubfrosch.

Die Akrobaten

Behende hüpft ein Laubfrosch auf ein Blatt, das unter seinem Gewicht nachgibt und hin und her schwingt. Dem Frosch muß dabei ähnlich zumute sein wie uns beim Trampolinspringen. Der Unterschied besteht allerdings darin, daß unser Akrobat sich von seinem schwingenden Untergrund gar nicht löst, sondern dort „kleben bleibt", als sei er angeheftet.

Ebenso akrobatisch erscheint es uns, wenn wir sehen, daß Laubfrösche mit einer einzigen Zehe an einem Blatt hängen können, ohne herunterzufallen. Auch das Klettern über einen schwankenden Blattstiel ist für sie kein Problem.

Zu solchen „Kunststücken" sind Laubfrösche befähigt, weil die Spitzen ihrer Finger und Zehen zu Haftscheiben verbreitert sind, mit deren Hilfe sie sich mit schlafwandlerischer Sicherheit sogar an glatten, überhängenden Gegenständen fortbewegen können.

Dieses Haftvermögen wird durch einen speziellen Aufbau der Haftscheiben ermöglicht. Bei den meisten Laubfröschen sind die Unterseiten der Haftscheiben verdickt und schwammig, so daß die Frösche ihre Füße auch auf einer rauhen Oberfläche luftdicht anpressen können, wodurch sie sich einen sicheren Halt verschaffen. Dieses Saugnapfprinzip wird von einem speziellen Knorpel unterstützt, der es ermöglicht, daß die Haftscheiben gleichmäßig und senkrecht auf die Unterlage gepreßt werden können.

Der Lebensraum der Laubfrösche, der aus Gebüsch, Rohrdickicht und ähnlicher Vegetation besteht, erfordert von ihnen geradezu diese Behendigkeit. Auch ihren Feinden vermögen sie mit ihrer beeindruckenden Sprung- und Kletterkunst oftmals zu entkommen. So wird eine Natter, die gerade Appetit auf Froschschenkel hat, ihrem vermeintlichen Opfer nur noch nachschauen können, wenn dieses mit Leichtigkeit emporschnellt und sich an einem senkrecht hängenden Blatt festheftet.

Schaumschläger und schnelle Brüter

Die Arterhaltung ist wie für alle Tiere auch für die Laubfrösche oberstes Gebot. Hier hat sich die Natur unterschiedliche Konzepte einfallen lassen, um den Bestand der einzelnen Arten zu sichern. Laubfrösche vermehren sich so, wie wir es von Tieren erwarten dürfen, die zwei Geschlechter ausgebildet haben: durch Paarung.

Bis zu diesem Ziel ist es für ein Froschmännchen meistens ein langer Weg. Die Natur hat es bei den Laubfröschen so eingerichtet, daß es in der Regel viel mehr Männchen als Weibchen gibt. Um da zum Zuge zu kommen, muß man sich schon etwas einfallen lassen. Der Laubfroschmann ist hier bestens ausgerüstet. Mit Stimme, Auge und Sprungkraft erobert er sich die Weibchen. Und seine Sehnsucht schreit er lautstark heraus. Dazu verfügt er über einen eingebauten Verstärker, die Schallblase. Dieser Hautsack unter der Kehle ermöglicht es den Männchen, fast ununterbrochen zu rufen. Der Frosch bedient sich dabei eines ebenso einfachen wie ökonomischen Prinzips. Die eingeatmete Luft wird im Wechsel zwischen Lunge und Kehlsack hin- und herbewegt und streicht dabei ständig über die Stimmbänder. Die Frösche quaken.

Bei einer derart vokalen Potenz sind die Weibchen schlichtweg sprachlos; ihnen ist die Stimmfähigkeit nicht gegeben.

Dafür sind sie in der Regel deutlich größer als die Männchen. Auf die Dauer können sie dem eindrucksvollen Konzert der Männchen nicht widerstehen. Sie nähern sich dem Brutgewässer, wo die Männchen sie bereits in großer Zahl erwarten. Nun setzt das Laubfroschmännchen auf seine zweite Stärke, sein gutes Auge. Es ortet das Weibchen auch in stockfinsterer Nacht und setzt zum Sprung auf seinen Rücken an. Die Konkurrenz hat allerdings nicht geschlafen. Unser wackerer Laubfroschmann fühlt sich jäh behindert, da just im Moment seines Absprungs ein anderes Männchen auf seinem Rufplatz landet. Das Blatt, von dem das Männchen gerufen hat, schwingt durch den Aufsprung gewaltig hin und her, die angepeilte Flugrichtung gerät dadurch völlig aus der Bahn – und unser Männchen landet weitab vom ersehnten Ziel bäuchlings im Tümpel. Doch tropfnaß erklimmt es wieder seinen Hochsitz und ruft weiter, bis es ihm gelingt, ein Weibchen zu erobern.

Auf dem Rücken verankert sich das Männchen mit den Vorderbeinen in den Achselhöhlen des Weibchens. Nun ist es nicht mehr abzuschütteln. Das Weibchen nimmt möglicherweise zunächst keine Notiz vom aufgesessenen Liebhaber. Es geht weiter auf Futterfang und trägt das zwerghafte Männchen mit sich herum. Es kann einige Tage dauern, bis das

Weibchen schließlich zur Paarung bereit ist. Es sucht dann mit dem Männchen auf dem Rücken den Laichplatz auf, um die Eier abzusetzen, die im selben Moment vom Männchen besamt werden. Dann trennen sich die Tiere.

Die Auswahl des Laichplatzes ist sehr unterschiedlich. Bei den meisten Arten wird hier nicht viel Aufhebens gemacht; die Frösche laichen einfach im Wasser ab. Manche Arten haben sich jedoch vom Wasser gelöst und betreiben ihr Brutgeschäft in luftiger Höhe. Zu diesen Spezialisten zählen die afrikanischen Baumfrösche der Gattung *Chiromantis*, die auch für die Eiablage nicht den Boden aufzusuchen brauchen. Stattdessen schlagen die Frösche während der Eiablage Gallerte zu Schaum und fertigen daraus ein Nest für den Nachwuchs. Dieses heften sie an einen Ast ihres Baumes, wo das Schaumnest schnell erhärtet. Die Eier entwickeln sich im Innern des Nestes zu Kaulquappen, die nach dem Schlüpfen ihr Nest wieder aufzulösen beginnen. Aus dem hochgelegenen Nest fallen die Larven dann in das darunterliegende Gewässer, das ihnen weitere Lebensmöglichkeiten bietet.

Eine andere Methode der Laichverwahrung außerhalb des Wassers demonstriert der Rotaugenlaubfrosch (*Agalychnis callidryas*). Er klebt seine 30 bis 70 Eier mit viel Gallertmasse an die Unterseite von großen Blättern, die über dem Wasser hängen. Vollendet beherrschen einige Makifrösche der Gattung *Phyllomedusa* die Technik des Eianklebens. Sie verkleben das Blatt mit dem Gelege zu beiden Seiten, so daß schließlich eine Tüte entsteht, die das Gelege vor dem Austrocknen und einer Entdeckung durch Freßfeinde schützt.

Die meisten Laubfrösche geben sich weniger Mühe. Viele laichen nach kräftigen Regenfällen in temporären Gewässern ab. Diese Wasserstellen bestehen nur vorübergehend, so daß für die ausschlüpfenden Kaulquappen ein Wettlauf mit der Zeit beginnt. Sie müssen mit ihrer Entwicklung fertig sein, ehe der Tümpel austrocknet.

Die Larven von Laubfröschen, die vorwiegend in temporären Gewässern ablaichen, erreichen daher in kurzer Zeit ihre Metamorphose. Beim mittelamerikanischen Laubfrosch *Smilisca phaeota* verlassen die Embryonen bereits nach 24 Stunden die Eihüllen. Innerhalb eines Monats durchlaufen die Kaulquappen die gesamte Entwicklung bis zum Jungfrosch. Die „schnellen Brüter" sind unter den Laubfröschen weit verbreitet. Da in temporären Gewässern wenig Freßfeinde vorkommen, haben die Larven gute Chancen, ihre Entwicklung zu beenden.

Lebensraum von Phyllomedusa bicolor in Französisch-Guayana (S. 18 u. 64).

Rabeneltern und fürsorgliche Brutpfleger

Einige Laubfrösche begnügen sich nicht damit, ihre Eier an einem mehr oder weniger sicheren Platz abzusetzen. Es scheint, als ob sie sich des Risikos bewußt wären, dem ein unbewachtes Gelege immer ausgesetzt ist: Die Eier könnten von Feinden entdeckt und zerstört oder gefressen werden.

Manche Schlangen haben sich zum Beispiel darauf spezialisiert, die an Blätter gehefteten Gelege von Laubfröschen aufzuspüren und zu verspeisen. Einer dieser Laichräuber ist die Katzenaugennatter, eine kleine, nachtaktive Schlange, die sich gern an den Laichplätzen von Rotaugenlaubfröschen aufhält. Die Biologin Patricia Fodgen berichtet im Magazin „Geo" (Heft 7/1982) von regelrechten Freßgelegen dieser Natter an den Laichplätzen von *Agalychnis callidryas*. So fand sie am Rand eines Sumpfes auf 60 m Uferstrecke mindestens zwanzig Nattern, die sich an den frischen Gelegen gütlich taten.

Aufgrund dieser Gefahren haben einige Laubfrösche besondere Bruttechniken entwickelt, um die Nachkommen sicher zu behüten. Der Schüsselrücken-Laubfrosch (*Fritziana goeldii*) aus Brasilien trägt seine Eier auf dem Rücken mit sich herum. Zu diesem Zweck bildet sich auf dem Rücken des Weibchens eine kleine, schüsselartig vertiefte Grube, die von einem durchsichtigen Hautrand eingefaßt ist. In dieser „Schüssel" entwickelt sich das Gelege, das etwa zehn bis zwanzig Eier umfaßt. Das Weibchen setzt die Kaulquappen im fortgeschrittenen Entwicklungsstadium schließlich in den wassergefüllten Blatttrichtern von Bromelien ab. Nach einigen Tagen haben die Larven ihre Metamorphose beendet und hüpfen als kleine, selbständige Fröschchen in ihr neues Leben.

Nach D. M. Cochrane (1970) kommen die Schüsselrücken-Laubfrösche in den dicht bewaldeten Bergen um Rio de Janeiro sehr häufig vor, so daß diese Brutfürsorge offenbar erfolgreich ist.

Ähnlich verfahren die mittel- und südamerikanischen Beutelfrösche der Gattung *Gastrotheca* mit ihrer Brut. Bei der Art *Gastrotheca marsupiata* besitzen die Weibchen eine Bruttasche auf dem Rücken, die im Beckenbereich eine Öffnung in der Form eines Längsspaltes aufweist. Während der Paarung hebt das Weibchen sein Hinterteil steil an, damit das

Oben: Lebensraum von Hyla phlebodes und Ololygon elaeochroa am Golf von Chiriqui, Westpanama.
Mitte links: Hyla phlebodes (S. 58).
Unten links: Ololygon elaeochroa im natürlichen Lebensraum, Westpanama (S. 59).
Unten rechts: Ein aktiver Riesen-Greiffrosch (Phyllomedusa bicolor) bei Nacht (S. 64).

Der Schüsselrücken-Laubfrosch trägt sein Gelege in einer „Schüssel" auf dem Rücken so lange mit sich herum, bis er die Larven in einem fortgeschrittenen Entwicklungsstadium absetzt.

Der Riesenbeutelfrosch, Gastrotheca ovifera, verfügt über eine beeindruckende Brutpflege: Seine Jungen verlassen als fertig entwickelte Fröschchen die Bruttasche, werden sozusagen geboren.

Männchen die austretenden Eier nach der Befruchtung über die rutschige Rückenhaut in die Bruttasche befördern kann. Etwa 200 Eier finden in der Bruttasche Platz. Nach gut zwei Wochen sind die Larven geschlüpft. Das Weibchen begibt sich dann zu einer Wasserstelle, um die Kaulquappen dort abzusetzen.

Andere Arten der Gattung *Gastrotheca* legen nur wenige, dafür aber große Eier in ihrem Brutbeutel ab. Der Riesenbeutelfrosch *G. ovifera* beschränkt sich auf etwa zwanzig Eier, die soviel Dotter enthalten, daß die Kaulquappen ihre gesamte Entwicklung im Schutz der Bruttasche durchlaufen können.

Eine besonders eindrucksvolle Schilderung der „Geburt" von Riesenbeutelfröschen verdanken wir dem amerikanischen Naturforscher William Beebe: „Schließlich wurden wir Zeugen eines Gebärvorganges, der zu den merkwürdigsten im ganzen Urwald zählt. Die Öffnung in der unteren Hälfte des Froschrückens wurde weiter, und es entstand ein schmaler Schlitz, wie wenn zwei Jalousiebrettchen auseinandergebogen werden. Ein Knäuel verdickten Gewebes kam zum Vorschein, und der kleine Frosch in der Öffnung wurde plötzlich von seinen ungeduldig nachdrängenden Geschwistern herausgeschoben. Zappelnd machte er sich frei, glitt über den Oberschenkel der Mutter hinab und landete mit einem Purzelbaum am Boden. Er richtete sich auf, schaute nach allen Seiten und rieb ein Auge, in dem sich etwas festgesetzt hatte. Nachdem er zweimal darübergefahren war, schien das Übel behoben. Kaum hatte er aber die

Beine richtig unter den Körper gebracht und die gleiche aufrechte Stellung wie seine Mutter eingenommen, als er von einem seiner Brüder, der aus dem Schlitz herausgeschossen kam, über den Haufen gerannt wurde. Sie überkugelten sich ein paarmal, blieben schließlich Nase an Nase sitzen und starrten einander an. Was sie dabei empfunden haben mögen, können wir bloß vermuten.

Nun tauchten aus dem Schlitz der ausgebauchten Membrane der Reihe nach Augen und Schnauzen auf. Dabei ergab sich bisweilen eine regelrechte Keilerei zwischen vier Fröschchen, von denen jedes zuerst geboren werden wollte. Der Vorrat schien unerschöpflich. Ein Strom von Froschkindern ergoß sich aus dem Rücken der Mutter. Keines konnte es erwarten das Licht der Welt zu erblicken und seine abenteuerliche Laufbahn zu beginnen."

Laubfrösche im Terrarium

Terrarientechnik

Mit der Lebensweise von Laubfröschen haben wir uns in den vorstehenden Kapiteln vertraut gemacht. Ihre Pflege im Terrarium ist verhältnismäßig einfach, wenn wir ihnen Bedingungen schaffen, die sie aus ihrem natürlichen Lebensraum gewohnt sind.

Zunächst benötigen wir ein laubfroschgemäßes Terrarium. Hier eignen sich Behälter aus Glas in der Regel besser als Holzterrarien, da sie wiederstandsfähiger gegen Feuchtigkeit sind. Auch der Einbau eines Wasserteils, der für die Pflege von Laubfröschen unabdingbar ist, gestaltet sich in einem Glaserrarium einfacher.

Wenn wir ein für Laubfrösche geeignetes Terrarium kaufen wollen, werden wir feststellen, daß der Zoofachhandel in diesem Bereich eher schlecht sortiert ist. Im Zoohandel sind zwar mittlerweile Terrarien zu bekommen, doch handelt es sich zumeist um Standardausführungen, die vor allem in der Höhe für Laubfrösche zu eng bemessen sind. Ein Terrarium für unsere Zwecke sollte darüberhinaus verschiebbare Frontscheiben besitzen, die uns ein praktisches Hantieren, besonders mit Futtertieren, ermöglichen.

Vielfach werden wir zu dem Schluß kommen, daß es sinnvoll wäre, ein Terrarium selbst zu bauen. Das hat den Vorteil, daß es preiswerter ausfällt und daß wir persönliche Vorstellungen berücksichtigen können. Mit ein wenig handwerklichem Geschick (und der folgenden Anleitung) sollte es uns gelingen, ein Terrarium zu bauen, dem man die „Marke Eigenbau" gar nicht ansehen kann.

Als Feuchtterrarien haben sich silikonverklebte Glasbehälter mit eingearbeiteten Aluminiumprofilen bewährt. Als Beispiel für die Pflege von kleinen bis mittelgroßen Laubfröschen beschreibe ich den Bau eines 60×60×40 cm großen Terrariums. An Material benötigen wir zunächst sieben Glasscheiben von 4 bis 6 mm Stärke. Die Bodenscheibe, die wir in einer Stärke von 6 mm wählen, schneiden wir auf 58×39 cm zu. Für die anderen Scheiben ist eine Glasstärke von 4 mm ausreichend. Die Rückwand schneiden wir auf 60×60 cm zu, die beiden Seiten auf 60×39, die Frontscheibe 1 auf 58×10, die Frontscheibe 2 auf 49,5×60 und die Abdeckscheibe auf 60×25 cm. Beim Kauf des Glases sollten wir den Händler nach Altglas fragen, das preiswerter zu erstehen ist. In der Regel ist der Glaser auch bereit, uns die gewünschten Größen zuzuschneiden.

Weitere Baustoffe sind eine Kartusche Silikon (auf Essigsäurebasis) und einige

Aluminiumprofile für den Einbau der verschiebbaren Vorderscheibe. Die Aluminiumprofile können wir als Meterstücke in Baumärkten bekommen. Wir benötigen: ein L-Profil, etwa 3×3 cm, mit einer Länge von 58,5 cm; ein U-Profil als Laufschiene für die Frontscheibe (58,5 cm) und ein zweites L-Profil, etwa 2×2 cm, als obere Führung der Frontscheibe mit einer Länge von 60 cm.

Zuerst verkleben wir die Boden-, die Rückwand- und die Seitenscheiben miteinander. Wir nehmen einen ebenen Arbeitstisch und decken ihn mit Zeitungspapier ab, um zu verhindern, daß das Terrarium auf dem Tisch festklebt. Die Scheiben säubern wir sorgfältig, die Klebekanten müssen auf jeden Fall trocken und fettfrei sein (mit Aceton abreiben).

Die Bodenscheibe legen wir auf den Tisch, die Rückwandscheibe stellen wir im Abstand von etwa 4 mm dahinter, und zwar so, daß sie links und rechts um je 1 cm übersteht. In diesen Winkel fügen wir die beiden Seitenscheiben ein, ebenfalls je 4 mm von der Bodenplatte entfernt. Wenn wir keinen Helfer haben, der uns die Scheiben in der gewünschten Position

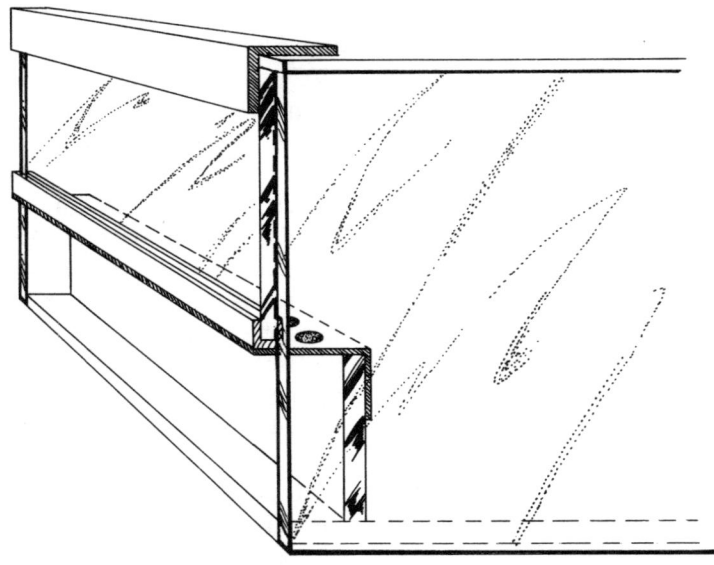

Schematische Ansicht des im Text beschriebenen Terrariums: Die untere Führung der Sichtscheibe ruht auf der Frontscheibe 1, die um 2 cm nach hinten versetzt eingeklebt wird. Das aufliegende L-Profil ist im Winkel auf die Frontscheibe 1 aufgeklebt und überragt die Seitenscheiben nach vorn um ca. 1 cm. Auf den vorstehenden Teil des L-Profils wird die Führungsschiene für die Frontscheibe aufgeklebt.

festhält, müssen wir die Rückwandscheibe irgendwo anlehnen (Tisch an die Wand rücken), um dann je eine Seitenscheibe einfügen zu können.

Die Scheibe fixieren wir nun mit Gehrungswinkeln oder mit Klebeband (möglichst rechtwinklig), und in die Aussparungen zur Bodenscheibe drücken wir mit einer Spritzpistole Silikon. Die Plastikspitze der Silikonkartusche ist dafür so weit abzuschneiden, daß der ausgedrückte Silikonwulst die Klebenaht von Rand zu Rand ausfüllt. Die Abstrichränder des Silikons streichen wir mit unserem Zeigefinger glatt, den wir zuvor mit einem Spülmittel befeuchtet haben, um ein Anheften des Silikons zu verhindern.

Bevor wir die Seiten- und die Rückwandscheibe miteinander verkleben, sollten wir den Winkel der Scheiben von außen mit Klebeband überziehen, damit wir später eine saubere Klebenaht erhalten.

Nun machten wir eine Pause von einem Tag, um den Silikonkleber abtrocknen zu lassen. Dann kleben wir in die noch offene Front des Terrariums die kleine Frontscheibe (58×10 cm) ein, und zwar so, daß sie 2 cm zurücksteht. Die schon fertigen Klebenähte, die mit der neuen Scheibe verbunden werden sollen, müssen wir wieder reinigen, da an ihnen noch das Spülmittel vom Abstreichen haftet.

Nun müssen wir wieder einige Stunden warten, bis die Klebung der Frontscheibe 1 stabil geworden ist. Auf die Frontscheibe setzen wir dann ein L-Profil (3×3 cm) und kleben es so fest, daß der horizontale Teil des Profils die Seitenschei-

ben um 1 cm nach vorn überragt. In dem horizontalen Teil haben wir zuvor eine Reihe von Lochbohrungen angebracht, die einen Durchmesser von 1 cm haben sollten. Diese Öffnungen ermöglichen später den Luftzutritt unterhalb der verschiebbaren Frontscheibe 2; wir kleben sie mit feiner Drahtgaze zu. Der herausragende Teil des L-Profils bietet einem U-Profil Platz, das so aufzukleben ist, daß die darin geführte Frontscheibe dicht an den Seitenscheiben entlangläuft.

Die Deckscheibe kleben wir mit den Seitenscheiben abschließend obenauf. Ein darauf aufgeklebtes L-Profil (2×2 cm) gibt der Frontscheibe den gewünschten Halt.

Auf den hinteren, noch offenen Teil der Abdeckung können wir einen mit PVC- oder Drahtgaze bespannten Holzrahmen legen oder einfach ein entsprechend großes Stück Drahtgaze mit schmalen Glasstreifen auf die Terrarienkanten aufkleben. Und nun ist es vollendet, das Produkt unserer Mühen steht im fertigen Zustand vor uns: ein Terrarium für unsere Frösche. Über kleine Schönheitsfehler, sofern es überhaupt welche gibt, sollten wir hinwegsehen, denn es ist möglicherweise das erste Terrarium, das wir selbst gebaut haben. Und das ist einen Glückwunsch wert. Das Terrarium sieht allerdings noch reichlich „nackt" aus. Erst durch die Einrichtung schaffen wir einen Lebensraum für unsere Frösche. Die Einrichtung eines Terrariums hat verschiedene Bedingungen zu erfüllen, die einerseits von den Tieren, andererseits vom Tierpfleger gestellt werden.

Laubfrösche benötigen im Terrarium

eine teilweise dichte Bepflanzung, daneben aber auch freie Bereiche, in denen sie sich ausspringen können. Einige Arten bevorzugen großblättrige Pflanzen, an deren Unterseite sie den Tag verbringen. Andere Arten ziehen sich gern in die Trichter von Bromelien zurück. Ein größerer Wasserteil ist vor allem in der Paarungszeit unentbehrlich.

Eine geschickte Einrichtung vermag auch im Terrarium unterschiedliche Mikroklimate zu schaffen. Wenn wir mit einer Pumpe einen kleinen Bach durch das Terrarium fließen lassen und ihn an einigen Stellen dicht bepflanzen, wird es dort kühler und feuchter sein als im oberen Bereich des Terrariums, wo vielleicht ein Strahler oder eine Glühbirne eingebaut ist.

Mein Vorschlag für die Einrichtung eines Regenwaldterrariums, der sich natürlich je nach persönlichem Geschmack abändern läßt, sieht folgendermaßen aus:

Die Bodenwanne meiner Terrarien ist mit Wasser gefüllt. Der etwa drei Viertel der Bodenfläche einnehmende Landteil ist mit Korkrindenstücken inselartig angelegt und mit Blähtonkugeln aufgefüllt, wie man sie für Hydrokulturen verwendet. In der Hydrokultur stehen die Bodenpflanzen. Bevorzugt verwende ich Yucca-Gewächse, Trichterbromelien, Scindapsus, Ficus und andere dauerhafte Pflanzen. Der Blähton im Boden läßt sich mit Eichenlaub abdecken, wodurch wir ein „biotopgerechtes" Aussehen erreichen.

Die Rückwand können wir sehr schön mit Rindenstücken der Korkeiche gestalten. Auch dünne Korkplatten, wie sie im

Ein Zuchtterrarium für Hyliden darf spartanisch eingerichtet sein: Wichtig sind eine Dauerberegnung (über perforierte Schläuche im Terrariumdeckel) und ein durchgehender Wasserteil im Terrariumboden, wo das Wasser wieder abgesaugt und mittels einer Motorpumpe zur Beregnung hochgedrückt wird. Die Wassertemperatur sollte bei etwa 24°C liegen.

Baumarkt erhältlich sind, geben aufgeklebt einen dekorativen Hintergrund ab. Wenn wir die groben und knorrigen Rinden der Korkeiche zum Gestalten der Rückwand verwenden, lassen sich dort kleine Epiphyten, Tillandsien oder Nestfarn unterbringen. Vom Boden her lassen wir Kletterficus (*Ficus repens*) oder andere Rankenpflanzen hochwachsen.

Ein schön bepflanzter Epiphytenast ist ein Schmuckstück für das Regenwaldterrarium. Wir können ihn im Boden verankern und schräg über unseren Bach hinwegführen, so daß der Eindruck eines umgestürzten Urwaldriesen entsteht (zumindest im Größenvergleich zu unseren Fröschen).

Als Grundlage für einen Epiphytenstamm eignen sich Robinienäste (Robinien nennen wir bei uns im allgemeinen Akazien) oder auch rinnenförmige Stücke der Korkeiche. Wir binden die Epiphyten anfangs mit Nylonschnur (oder einem in Streifen geschnittenen Perlonstrumpf) auf, bis sie verwurzeln. Stettler (1978) empfiehlt, atmosphärische Epiphyten, die ihren Feuchtigkeitsbedarf über die Wurzeln der Luft entnehmen, ohne Pflanzsubstrat (Farnwurzeln) aufzubinden, da eine Pflanzenstoffpackung die Feuchtigkeitsaufnahme der Epiphyten nur behindere.

Zur Herstellung des Terrarienklimas sollten wir möglichst einige technische Geräte einsetzen, mit denen wir die Beleuchtung, die Feuchtigkeit und Wärme regeln können. Da Laubfrösche meist nachtaktiv sind, kommt der Beleuchtung nicht die Bedeutung zu, die sie bei der Pflege anderer, sonnenliebender Terrarientiere hat. Wir können uns daher an den Bedürfnissen der Pflanzen orientieren, die wir im Terrarium pflegen. Im allgemeinen werden Leuchtstoffröhren die beste Lichtquelle sein. Sie verfügen über ein Lichtspektrum, das dem Tages-licht ähnlich ist, und geben bei relativ geringem Stromverbrauch viel Licht und wenig Wärme ab. In der Nähe der Leuchtstoffröhren wird es dennoch so warm, daß wir auch die Laubfrösche zufriedenstellen können, die gern ein „Sonnenbad" nehmen. Den Einsatz von Spezial-Leuchtstoffröhren mit UV-Licht-Anteil halte ich nicht für erforderlich, wenngleich Zimmermann (1983) von guten Erfolgen mit UV-A-Leuchtstoffröhren bei der Pflege von Marmorriedfröschen (*Hyperolius*) berichtet. Da diese Frösche in der Natur tatsächlich häufig in der prallen Sonne sitzen, mögen sie diesbezüglich aber als Ausnahme gelten. Die Terrarienbeleuchtung sollte 12 bis 14 Stunden am Tag eingeschaltet sein, was sich zweckmäßig über eine Zeitschaltuhr steuern läßt.

Was die Luftfeuchtigkeit betrifft, stellen die Laubfrösche je nach Art unterschiedliche Ansprüche. Für die tropischen Frösche wählen wir eine hohe Luftfeuchtigkeit zwischen 80 und 100% relativer Feuchte. Durch Beheizen des Wasserteils und zusätzliches Sprühen mittels eines Wasserzerstäubers läßt sich die Luftfeuchtigkeit einstellen, was wir mit einem Hygrometer überprüfen können. Hohe Luftfeuchtigkeit läßt sich am besten mit elektronischen Raumbefeuchtern erzielen. Diese Geräte zerstäuben

Oben: Tropenterrarium für Laubfrösche
Unten: Hier demonstriert ein Weibchen des
Rotaugenlaubfrosches (Agalychnis callidryas)
seine Kletterkunst (S. 40).

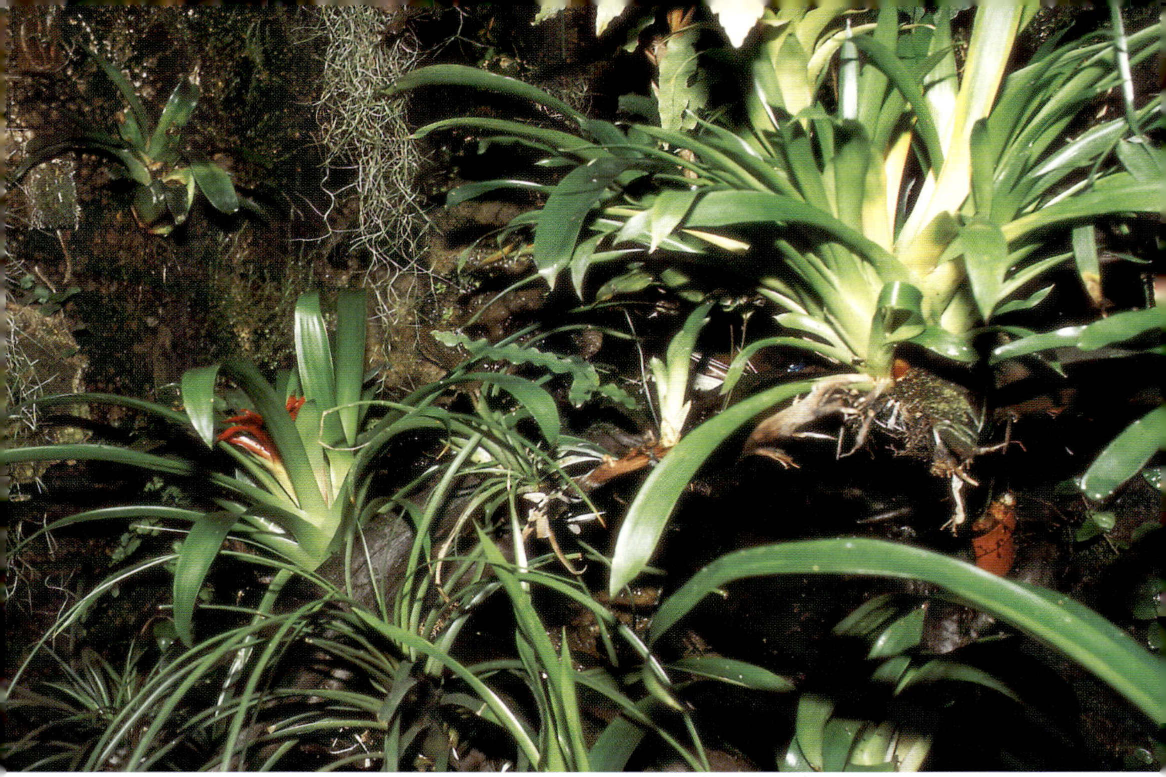

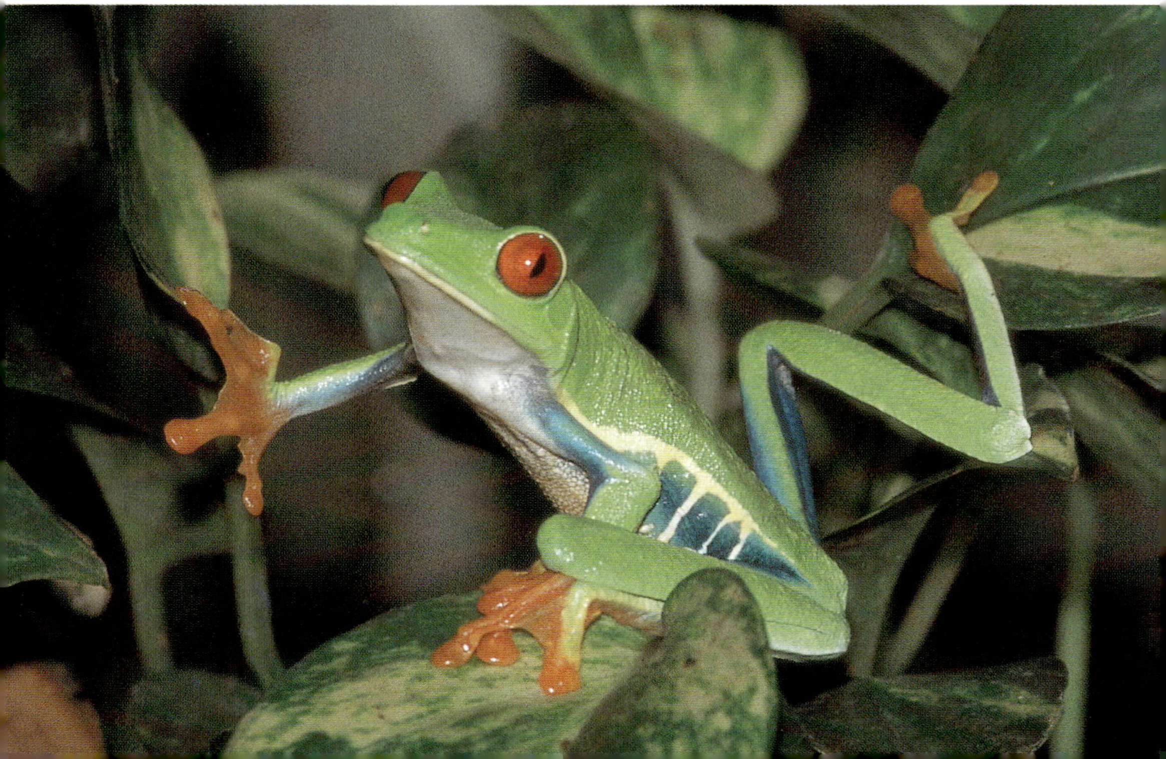

Wasser aus einem Vorratsbehälter mittels Ultraschall so fein, daß Nebel entsteht. Dieser Nebel läßt sich durch den zugehörigen Ventilator in PVC-Rohrleitungen (Durchmesser ca. 6 cm) drücken, die oberhalb der Terrarien verlegt werden.

Durch eine Zuleitung (in das PVC-Rohr eingesteckter Eheimschlauch) gelangt der Nebel ins Terrarium. An einen Raumbefeuchter lassen sich mehrere Terrarien anschließen und über eine Zeitschaltuhr einmal oder mehrmals täglich einnebeln, was die Luftfeuchtigkeitswerte auf annähernd 100% relative Feuchte ansteigen läßt.

Nordamerikanische Arten benötigen geringere Feuchtigkeitswerte, ebenso die Arten, in deren Lebensraum eine Trockenzeit vorkommt. Bei den afrikanischen Riedfröschen der Gattung *Hyperolius* ist zum Beispiel zu berücksichtigen, daß sie während der Regenzeit sehr feucht, danach jedoch bei gemäßigter Luftfeuchte zu halten sind.

Die Lufttemperatur, die für subtropische und tropische Arten zwischen 22 und 30° C liegt, wird in der Regel schon

Oben links: Centrolenella prosoblepon (S. 47).
Oben und Mitte rechts: Paar (oben) und Jungtiere von Agalychnis callidryas (S. 40)
Mitte links: Centrolenella fleischmanni (S. 44).
Unten links: Der nordamerikanische Laubfrosch Hyla cinerea (S. 34).
Unten rechts: Centrolenella fleischmanni, Bauchseite.

durch die von der Beleuchtung ausgehenden Wärme in den gewünschten Bereich angehoben. Sollte sich allein durch die Beleuchtung keine ausreichende Temperatur erzielen lassen, können wir das Terrarium zusätzlich über Heizkabel oder Heizmatten erwärmen. Heizkabel lassen sich im Terrarium verlegen, zum Beispiel im Bodengrund oder hinter der Rückwand, während man Heizmatten unter das Terrarium legt.

Fliegen und andere Köstlichkeiten

Laubfrösche fressen Fliegen. So kommen wir nicht umhin, uns mit diesen geflügelten Untieren zu beschäftigen. Unsere Aufgabe besteht darin, sie in ausreichender Menge zu beschaffen.

Dazu gibt es verschiedene Wege. Die einfachste „Fliegenzucht" sieht folgendermaßen aus: Man begibt sich in das nächstgelegene Geschäft für Angelbedarf und verlangt eine Dose Fliegenmaden. Für etwa zwei Mark wechseln 500 Maden den Besitzer, und man verläßt das Geschäft mit einem freundlichen „Petri Heil" in den Ohren. Statt sie jedoch auf die Angelrute zu spießen, umhegt der Terrarianer seine Maden, damit sie gedeihen. Eine Hälfte der Maden gibt er in ein Gefäß von etwa einem Liter Inhalt und verschließt es dicht mit einem Stück Stoff. Die andere Hälfte der Maden wandert in den Kühlschrank, damit die Entwicklung zu Puppen verzögert wird. Dagegen wird ihre Entwicklung beschleunigt, wenn wir sie wärmerstellen (25 bis 30° C). Die Maden verpuppen sich nach einigen Tagen, und nach etwa einer Woche schlüpfen die Fliegen aus. Vor dem Verfüttern sollten wir die Fliegen noch füttern, zum Beispiel mit Vitamintropfen und Konfitüre, damit sie nahrhafter werden.

Eine andere Möglichkeit ist das Keschern von „Wiesenplankton". Darunter verstehen wir die Vielzahl an Insekten, die hochgewachsene Wiesen bevölkern. Mit einem Kescher lassen sie sich durch schwungvolles Hin- und Herziehen des Netzes über den Grassaum leicht erbeuten.

In den Wintermonaten kommen wir jedoch nicht umhin, Futtertiere zu züchten. Ein ausgezeichnetes Futter für kleine Frösche und für Jungtiere ist die Fruchtfliege *Drosophila*, deren verschiedene Formen zum Teil flugunfähig sind. Die flugunfähigen Formen der Fruchtfliege lassen sich sehr viel besser handhaben, weshalb ich sie unbedingt empfehlen möchte.

Seit Jahren züchte ich die kleine Stummelflügelige Fruchtfliege (*Drosophila funebris*) und die Große Fruchtfliege (*Drosophila hydei*). Bei Verwendung eines geeigneten Nährbreis ist die Zucht einfach und ergiebig. Als Grundlage für den Nährbrei verwende ich Apfelmus. Das Apfelmus wird in einer Schicht von etwa 2 cm in ein 1-Liter-Einmachglas gegeben und mit einem Eßlöffel Bierhefe (Trockenhefe) und ebensoviel Zucker vermengt. Dann rühre ich so lange Haferflocken ein, bis das Ganze nicht mehr wässerig ist. Zur Schimmelverhütung sollte man eine Messerspitze Nipagin-M gleichmäßig auf der Breioberfläche verteilen. Die immer noch klebrige Oberflä-

che decke ich mit einer Schicht Toilettenpapier ab, und schließlich statte ich das Glas mit einer Handvoll Holzwolle als Klettermöglichkeit für die Fliegen aus. Nun brauchen wir nur noch einige Fliegen als Zuchtansatz einzusetzen und zwei Wochen bei der Kleinen Stummelflügeligen beziehungsweise vier Wochen bei der Großen Drosophila abzuwarten, bis die Zucht in voller „Blüte" steht.

Vor dem Verfüttern an Jungtiere sollten die Drosophila regelmäßig vitaminisiert werden. Meine flugunfähigen Drosophila schütte ich durch einen Plastiktrichter in ein Röhrchen, in das ich vorher ein wenig Vitamin-Kalk (zum Beispiel Osspulvit) gegeben habe. Dann werden die Fliegen einige Male hin und her geschüttelt und als weiß eingestäubte „Vitamin-Fliegen" den Jungfröschen angeboten. Für größere Laubfrösche eignen sich eher „handfestere" Brocken als Futter.

Gut geeignet und leicht züchtbar sind Grillen (*Gryllus bimaculatus*) und Heimchen (*Acheta domesticus*). Diese Futtertiere züchte ich in 5-Liter-Plastikeimern, deren Deckel für die Belüftung einen feinen Gazeeinsatz erhalten. In Geschäften für Imkereibedarf werden Eimer mit einem Einsatz aus feiner Kupfergaze angeboten, die für unsere Zwecke sehr geeignet sind. Als Bodengrund fülle ich für die Grillen etwa 10 cm feinen Sand ein, für Heimchen verwende ich Torf. Aufeinandergelegte Eierbehälter aus Pappe sorgen für Versteck- und Klettermöglichkeiten. An einer Stelle des Zuchtgefäßes stellen wir eine kleine, etwa 5 cm tiefe Plastikschale auf und füllen sie mit Sand.

Wenn wir den Sand ständig feucht halten, legen die Grillenweibchen ihre Eier dort hinein.

Bei Zuchttemperaturen um 30° C dauert die Entwicklung vom Ei bis zum ausgewachsenen Heimchen etwa zehn Wochen. Als Futter eignen sich Obstreste, besonders Apfelstücke, Haferflocken, Zierfischfutter und ungespritzter Salat. Nach jedem Generationswechsel sollten wir das Zuchtgefäß säubern und frischen Sand einfüllen.

Heimchen sind übrigens viel geschickter im Entweichen als Grillen. Wenn sie in die Wohnräume gelangen, können sie zu unangenehmen „Untermietern" werden. Man sollte die Zuchten daher – auch im Hinblick auf das ständige Gezirpe der erwachsenen Männchen – besser in einem Kellerraum unterbringen.

Als leicht züchtbares Futter bietet sich auch die Dörrobstmotte (*Plodia interpunctella*) an. Sie läßt sich ebenfalls in den bereits erwähnten Plastikeimern bei Temperaturen um 25° C züchten. Für ihre Ernährung hat sich ein Brei aus Hundeflocken bewährt, der mit Glycerin angefeuchtet wird. Wir geben ihn in einer 5 bis 10 cm hohen Schicht in den Eimer, setzen einige Motten dazu und warten etwa acht Wochen, bis wir kleine Raupen und große Mengen von Motten vom Eimerdeckel ablesen können. Gerade die Raupen sind ein gutes Futter für kleinere Hyliden, da sie sich durch Bestäuben mit Osspulvit mit Mineralstoffen und Vitaminen anreichern lassen. Auch für die Aufzucht von Laubfröschen ist die Dörrobstmotte mit ihren Raupen sehr zu empfehlen, da sie aufgrund ihrer geringen Größe von 8 mm von den meisten Jungtieren bewältigt wird.

Die Zucht der Großen (*Galleria melonella*) und der Kleinen Wachsmotte (*Achroea grisella*) verläuft ebenfalls problemlos. Wir benutzen wieder Plastikeimer, die wir mit Wellpappe auskleiden, damit sich die Raupen darin verpuppen können. Bei einer gleichbleibenden Temperatur von 28 bis 30° C entwickelt sich die Zucht am schnellsten. Als Futter reichen wir alte Bienenwaben, die wir von einem Imker oder im Honiggroßhandel bekommen. Sollten Schwierigkeiten bei der Beschaffung der Bienenwaben auftreten, können wir auf ein Kunstfutter ausweichen. Ein Rezept zur Herstellung dieses Kunstfutters finden wir bei Friederich und Volland (1981).

Nach sieben bis acht Wochen steht·die Zucht in „voller Blüte". Die Falter und Raupen der Großen Wachsmotte sind ein ausgezeichnetes Futter für große Laubfrösche wie zum Beispiel *Agalychnis*- und *Smilisca*-Arten.

Es ist zweckmäßig, mehrere Zuchten in einem speziellen Zuchtschrank zusammenzufassen. Dazu läßt sich ein alter Schrank leicht umfunktionieren, indem wir ihn mit Styroporplatten auskleben und mit einer Glühbirne beheizen. Für die Belüftung bohren wir einige Löcher in den Schrank. Die Grillen- oder Heimchenzucht deponieren wir in der Nähe der Glühbirne, da sich Grillen und Heimchen bei Dauerlicht und Wärme gut vermehren. Durch eingelegte Regalböden können wir einen Bereich des Zuchtschranks abdunkeln. Hier stellen wir die Wachsmotten auf, die es dunkel lieben.

Zuchtansätze bekommen wir bei befreundeten Terrarianern, oder wir wenden uns an kommerzielle Futtertierzuchten; Inserate finden wir regelmäßig in den Fachzeitschriften.

Krankheiten bei Laubfröschen

„Vorbeugen ist besser als heilen"! Diese goldene Regel sollten wir gerade beim Kauf und bei der Pflege von Laubfröschen beachten. Beim Erwerb sollten wir uns die Frösche genau ansehen. Sie müssen im Regelfall gut genährt sein und eine feuchtglänzende Haut aufweisen. Knochen dürfen sich nicht abzeichnen, mit Ausnahme der Höcker, die manche Arten in der Rückenmitte aufweisen. Bei den Greiffröschen der Gattungen *Phyllomedusa* und *Agalychnis* ist jedoch zu berücksichtigen, daß diese Tiere immer ein wenig abgemagert aussehen.

Bedenklich sind dagegen Knochenerhebungen im hinteren Rücken oberhalb des Afters. Nach meinen Erfahrungen handelt es sich bei diesen Anzeichen um stark geschwächte Tiere, die nur mit Mühe wieder zu Kräften kommen.

Frösche, die offene Schnauzen oder Kniegelenke zeigen, haben sich diese Verletzungen zumeist aufgrund schlechter Transportbedingungen oder ungeeigneter Händlerterrarien zugezogen. Bei nicht zu großen Verletzungen können wir den Heilungsprozeß durch das Auftragen einer antibakteriell wirkenden Wundsalbe (z. B. Terracortril-Gel/Pfitzer, Neo-Cortiderme) beschleunigen.

Sollten wir die Frösche schon einige Zeit pflegen und trotz guter Fütterung

ein Abmagern der Tiere beobachten, könnte es sich um eine Wurminfektion handeln. Als Mittel gegen Wurmbefall kommen die Präparate Concurat L (Pulver 10%ig) und Panacur (Pulver 4%ig) in Betracht. Bei Concurat werden 100 bis 300 Milligramm Wirkstoff auf ein Kilogramm Körpergewicht für eine orale Eingabe, bei Panacur 30 bis 50 Milligramm dosiert. Diese Angaben sind sicher nicht laubfroschgemäß, da wir kaum so schwere Frösche pflegen. Soweit es möglich ist, müssen wir die Angaben auf das Körpergewicht des Frosches umrechnen. Das Medikament wird als wässrige Lösung hergestellt und den Fröschen ins Maul gespritzt. Bei kleinen Fröschen wenden wir die Medikamente in der angegebenen Konzentration als Bad an. Die Behandlung ist in beiden Fällen nach einigen Tagen zu wiederholen. Speziell bei *Agalychnis*- und *Hyperolius*-Arten, die häufig Wurminfektionen aufweisen, sollten wir ein Medikamentenbad als vorbeugende Maßnahme durchführen. Eine sorgfältige Hygiene, besonders bei Wildfängen, sollte unbedingt beachtet werden. Neben dem Entfernen von Kotresten gehört hierzu das tägliche (später wöchentliche) Wechseln des Badewassers.

Bei manchen Laubfröschen, wie zum Beispiel *Hyperolius*-Arten, kann es zu Gliedmaßenlähmungen und Krämpfen kommen, die vornehmlich an den Hinterbeinen auftreten. Ursächlich sind wahrscheinlich Stoffwechselerkrankungen aufgrund mangelhafter Versorgung mit Vitaminen und Mineralstoffen. Die regelmäßige Beigabe eines Vitaminpräparates (Multi-VT-Min) und eines Mineral-stoffpulvers (Osspulvit oder Calcipot R) verhindert diese Mangelkrankheiten. Nach meiner Erfahrung ist das Mineral-stoffpräparat (Calzium) wichtiger als die Vitamine.

Der besonders bei *Hyperolius*-Arten zu beobachtende Darmvorfall scheint ebenfalls auf ungeeignetes Futter bzw. einseitige Ernährung zurückzuführen zu sein. Häufig bildet sich der Darmvorfall bei einer Futterumstellung von selbst zu-rück.

Blutspuren im Kot weisen auf eine in-nere Verletzung oder auf eine Darment-zündung hin. Die Darmentzündung läßt sich im Anfangsstadium erfolgreich durch eine orale Eingabe eines Sulfona-midpulvers beheben (Bestäuben der Fut-tertiere). Da uns bei komplizierten Er-krankungen des Magen-Darmtraktes zu-meist das Fachwissen fehlt, sollten wir in Zweifelsfällen einen Bakteriologen oder Parasitologen zu Rat ziehen.

Weniger eine Krankheit als ein Auf-zuchtproblem sind die „Streichholz-beine". Bei dieser Mißbildung zeigen Kaulquappen, die kurz vor dem Ab-schluß der Metamorphose stehen, unter-entwickelte, dünne Vorderbeine, die nicht funktionstüchtig sind. Mitunter bleiben diese verkrüppelten Vorderbeine auch unter der Haut stecken, so daß die gerade fertigen Jungfrösche ohne Vor-derbeine an Land gehen müssen. Sie le-ben dann nur wenige Tage.

Die Ursachen für die „Streichholz-bein"-Fehlentwicklung sind noch nicht abschließend geklärt. Nach eigenen Un-tersuchungen (Heselhaus, 1983) an Pfeil-giftfröschen (Dendrobatidae) scheidet ungeeignetes Futter bei der Larvenver-sorgung oder eine ungeeignete Wasser-qualität bei ihrer Aufzucht als alleinige Ursache aus. Ungeeignetes Futter kommt bestenfalls bei der Aufzucht eini-ger weniger Nahrungsspezialisten in Frage.

Von größerer Bedeutung ist jedoch die Ernährung der Elterntiere. Da es sich herausgestellt hat, daß „Streichholz-bein"-Larven immer wieder von densel-ben Elterntieren hervorgebracht werden und daß Elterntiere, die jahrelang gesun-den Nachwuchs produzierten, plötzlich mißgebildete Larven züchten, muß die Anlage für diese Störung bei den Eltern-tieren liegen.

Diese Vermutung wird durch die Tat-sache verstärkt, daß das Problem der „Streichholzbeine" durch das Züchten mit Geschwistertieren intensiviert wird. Bei einigen Arten von Pfeilgiftfröschen führt Inzucht zu hundertprozentigem „Streichholzbein"-Ausfall.

Schütte und Spieler (1986) berichten vom Streichholzbeinproblem bei der Aufzucht des Laubfrosches *Osteocepha-lus verruciger*. Einige ihrer Aufzuchten erwiesen sich aus diesem Grund als ein totaler Ausfall. Als Erklärung führen sie neben ungeeigneten Wasserbedingungen das Inzuchtproblem an.

Laubfrösche aus Nordamerika

Bei nordamerikanischen Laubfröschen handelt es sich nicht um „tropische" Laubfrösche im klimatischen Sinn. Laubfrösche aus Nordamerika leben in Klimazonen, die sich durch unterschiedliche Jahreszeiten mit großen Temperaturunterschieden auszeichnen. Dennoch soll der Amerikanische Laubfrosch hier vorgestellt werden, da er in den Zoohandlungen recht häufig angeboten wird und ein ausdauernder Terrarienbewohner ist.

Hyla cinerea
Gestreifter Laubfrosch,
Amerikanischer Laubfrosch
(Foto Seite 28)

Beschreibung: Der Amerikanische Laubfrosch ist ein hübscher und pflegeleichter Frosch, der besonders Anfängern zu empfehlen ist. Mit einer Größe von über 6 cm ist er eine recht stattliche Erscheinung. Wie es sich für einen Laubfrosch gehört, ist *Hyla cinerea* prachtvoll grün gefärbt, einschließlich der Flanken und der Beinoberseiten. Ein charakteristisches weißes Seitenband zieht sich von der Schnauzenspitze bis an die Oberschenkel. Gelegentlich zeigen die Frösche weiße oder gelbe Flecken auf dem Rücken.

Verbreitung und Lebensraum: *Hyla cinerea* lebt im Südosten der USA, von Nord-Karolina bis Texas. Die Art bewohnt Bäume, Gebüsch und andere höhere Vegetation in der Nähe eines Gewässers oder in Feuchtgebieten.

Pflege im Terrarium: Für die Pflege von *Hyla cinerea* sollten wir größere Terrarien von etwa 100×50×50 cm (Höhe × Tiefe × Breite) auswählen. Tagsüber erwärmen wir die Luft auf Temperaturen zwischen 22 und 26° C, nachts darf das Terrarium auf etwa 18° C abkühlen.

Die Einrichtung besteht aus großblättrigen Pflanzen wie Philodendron, daneben können wir Trichterbromelien verwenden, auch wenn das nicht ganz „biotopgerecht" ist. Tatsächlich sitzen die Laubfrösche gern auf den breiten, glatten Blättern, was sie mitunter auch tagsüber tun, um ein Sonnenbad zu nehmen. Als Futter nehmen die Frösche Insekten aller Art an, von der Stubenfliege bis zum Heimchen.

Die Zucht gelingt am besten, wenn wir die Tiere kalt überwintern. Das kann in einem kühlen Kellerraum geschehen oder auch im Kühlschrank, bei Temperaturen von 4 bis 6° C. Die Dauer der Überwinterung sollte acht Wochen nicht überschreiten. Vor dem Einsetzen der Tiere in den Überwinterungsbehälter lassen wir sie zwei Wochen fasten. Als Behälter für eine Überwinterung im Kühlschrank eignen sich Plastikdosen mit fest verschließbarem Deckel. Wir bohren einige Luftlöcher in den Deckel und statten den

Behälter mit feuchtem Torfmoos oder Fließpapier aus. Eine Überprüfung der Feuchtigkeit im Behälter sollten wir etwa alle zwei Wochen vornehmen.

Nachdem wir unsere Frösche wieder „aufgetaut" haben, setzen wir sie in ein Zuchtterrarium, das wir mit einem Philodendron bepflanzen. Wenn wir die Frösche zwei Wochen gut gefüttert haben, lassen wir die Temperaturen leicht ansteigen und sorgen mittels eines Wasserzerstäubers für tägliche „Regenfälle". Nach und nach lassen wir den Bodenteil des Terrariums mit Wasser vollaufen, bis der Wasserstand etwa 10 cm beträgt.

Nun müßten wir alles getan haben, damit unser Froschpaar in „Stimmung" gebracht ist. Zum Ablaichen suchen die Tiere den Wasserteil auf und legen mehrere Eiklumpen an die Luftwurzeln des Philodendrons. Die Larven lassen sich mit Zierfischfutter und Algen leicht aufziehen. Nach der Metamorphose sind die Jungfrösche bereits 2,5 cm groß, so daß die Aufzucht mit kleinen Insekten nicht schwierig ist.

Beobachtungen an einigen Hyliden in Panama

Der mittelamerikanische Staat Panama ist die Heimat vieler interessanter Hyliden. Trotz der geringen Größe Panamas, das in Ost–West-Richtung etwa 800 km umfaßt, ist das Land geographisch und klimatisch vielseitig. Die Cordillera Central, ein parallel zu den Küsten verlaufender Gebirgsrücken, der im Vulkan Baru mit 3475 m seinen höchsten Punkt erreicht, teilt Panama in die Pazifik- und die Atlantikseite. Während die Pazifikseite bis auf die unzugänglichen Dariengebiete gerodet und relativ trocken wirkt – mit Ausnahme einer Regenzeit in unseren Sommermonaten –, ist die regenreichere Atlantikseite fast durchgehend mit undurchdringlichem Urwald bewachsen.

Bei einem Aufenthalt in Panama konnte ich die Lebensräume verschiedener Hyliden kennenlernen. Besonders eindrucksvoll waren die Biotope im Nebelwald und im karibischen Tiefland. Wir verlassen die Nationalstraße Panamas kurz vor der Stadt David und fahren Richtung Gualaca. Vor uns liegen die wuchtigen Bergmassive, die uns von der Karibikseite trennen. Die Straße wird zusehends schlechter. Dennoch kommen wir gut voran und nähern uns den wolkenverhangenen Bergspitzen. Nach wenigen Stunden Auffahrt sind wir plötzlich im Nebelwald. Weiße Schwaden verringern die Sicht auf etwa 20 m. Auch tags-

über wirkt der Nebelwald gespenstisch. Es ist alles durch und durch naß. Bergbäche rieseln zu Tal, Schlammassen verwandeln die Straße in eine Rutschbahn. Nur schemenhaft erkennen wir zu beiden Seiten der Straße die Silhouetten einiger Baumruinen, die im Nebel unheimlich aussehen.

So plötzlich, wie der Nebel gekommen war, verschwindet er wieder und gibt den Blick frei auf eine prächtige Vegetation. Die Berghänge sind bedeckt mit dichtem Regenwald, einzelne Urwaldriesen brechen unter der Last der zahlreichen Epiphyten beinahe zusammen. Ranken, Flechten und Moose besetzen jeden Quadratzentimeter freien Raums und lassen den Regenwald als eine undurchdringbare Wand erscheinen.

Wir hoffen, hier oben die hübschen Harlekinfrösche (*Atelopus varius*) zu finden und richten unsere Aufmerksamkeit auf geeignete Gewässer. In einer Senke sehen wir einen dichtbewachsenen Gebirgsbach und entdecken tatsächlich einige Atelopus. Ihre Laichzeit nähert sich offenbar dem Ende, da wir neben einem Paar nur noch einige ausdauernde Männchen vorfinden. Das Laichgewässer ist durch große Felsquader gekennzeichnet, die den schnellfließenden Bach zu verschiedenen Tümpeln aufstauen, die über kleine Wasserfälle miteinander verbunden sind. Das Wasser ist höchstens

18° C warm, was ich nach einem Fehltritt auf den glitschigen, algenbewachsenen Felsen am eigenen Leib feststellen kann. Mit meiner naß gewordenen Kleidung wird mir hier oben in 1400 m Höhe recht schnell kühl; die Lufttemperatur ist mit 24° C nicht gerade tropisch.

Im strömenden Wasser der Tümpel finden wir einige Kaulquappen. Die meisten liegen ruhig am Boden, nur einzelne schwimmen zur Wasseroberfläche. Wir fangen verschiedene Kaulquappen ein, da wir hoffen, auf diese Weise weitere Atelopus zu bekommen.

Daheim entwickeln sich die vermeintlichen Atelopuslarven zu zwei verschiedenen Laubfroscharten. Aus den gut 3 cm großen Larven mit dem interessanten Trichtermaul entstehen nach der Umwandlung grüne Laubfrösche mit roten Augen, die ich nach Duellman (1970) als die Art *Hyla uranochroa* bestimme. Neben den roten Augen zeichnen sich diese knapp 4 cm großen Fröschchen durch ein weißes Seitenband aus, das die grüne Färbung der Oberseite von der gelben Bauchfärbung abgrenzt. Nach Duellman bewohnt *Hyla uranochroa* feuchte Bergwälder in Costa Rica und West-Panama in Höhen zwischen 600 und 1720 m. Unser Fundort in den Bergen oberhalb des Golfs von Chiriqui entspricht somit der angegebenen Verbreitung der Art. Im Terrarium erwies sich *Hyla uranochroa* als eine ruhige und ausdauernde Art, die sich bei den genannten niedrigeren Temperaturen mit dem üblichen Insektenfutter gut ernähren läßt.

Die zweite Art, die wir aus diesem Gebirgsbach mitgebracht haben, ließ sich später als *Hyla colymba* bestimmen. Es handelt sich um einen leuchtend hellgrün gefärbten Hyliden von gut 3 cm Länge. Auf dem Rücken und den Gliedmaßen zeigt das aparte Tier eine feine weiße Punktierung. Charakteristisch ist möglicherweise ein weißer Streifen, der sich von der Schnauze über die Augen bis an die Vorderbeine erstreckt. Die Iris wirkt hellgrau, die Bauchseite ist grün gefärbt. Insgesamt weist das Fröschchen eine zarte, durchscheinende Färbung auf, die an einen Glasfrosch (Centrolenellidae) erinnert.

Unser weiterer Weg in Panama führt uns aus den Bergen heraus in das karibische Tiefland. Die Temperaturen nehmen stetig zu, je mehr wir uns der Küste nähern. In Rambala, einem kleinen Ort am Golf von Chiriqui, treibt uns die tropische Hitze den Schweiß aus allen Poren. Wir beschließen, hier zu übernachten. Da wir wegen der Hitze noch nicht schlafen können, machen wir einen kleinen Spaziergang. Vor uns huschen handgroße, dunkle Tiere über den Boden und verschwinden unter unserem Hotel, das wegen der periodischen Überschwemmungen auf Holzpfählen steht. Mit einer Taschenlampe leuchten wir den unbekannten Tieren nach und stellen überrascht fest, daß es sich um Agakröten (*Bufo marinus*) handelt. Eine derartige Geschwindigkeit im Laufschritt hatten wir den fast 20 cm großen Kröten gar nicht zugetraut.

Irgendwoher erreicht ein lautes, andauerndes Keckern unser Ohr. Wir sind plötzlich hellwach. Sollten das Laubfrösche sein? Wir versuchen, die Geräusche zu orten. Schließlich landen wir jenseits der Straße in einer sumpfigen Wiese. Wir laufen noch einige Schritte weiter, bis der Boden unter unseren Füßen bedenklich nachgibt und wir fast knietief im Matsch versinken. Um uns herum ist es ruhig.

Doch jetzt hören wir ein vereinzeltes Keckern, und dann bricht die Hölle los. Von allen Seiten keckert, ratscht und quakt es, und wir stehen mittendrin. Es muß doch möglich sein, die Urheber des Spektakels ausfindig zu machen. Doch wo wir hinleuchten, verstummen die Schreihälse. Zwischen den hochstehenden Gräsern bewegt sich doch etwas. Ja, da haben wir endlich einen Frosch im Lichtschein unserer Lampen. Es ist ein hellbraun gefärbtes Laubfröschchen, kaum größer als unser Daumennagel. Wir löschen das Licht für eine kurze Zeit. Direkt vor uns beginnt es zu quaken. Na also, im Lichtschein erstrahlt ein balzendes Laubfrosch-Männchen. Seine große Schallblase bläht im Rhythmus seiner Rufe auf und ab; das Kerlchen macht einen Heidenkrach. Es sitzt etwa 40 cm über dem Boden in einem fast undurchdringbaren Gewirr von Gras und Sumpfpflanzen. Plötzlich verstummt es und springt in die Dunkelheit.

Wir sind begeistert. An Schlaf ist nun nicht mehr zu denken. Von diesen kleinen Burschen möchten wir einige mit nach Hause nehmen. Doch wie fängt man inmitten stockfinsterer Nacht in dichter Bepflanzung Laubfrösche, zumal der Boden unter uns mehr und mehr nachgibt? Wir kehren an den Rand des flachen, stark verkrauteten Gewässers zurück. Auch hier gibt es Laubfrösche.

Im Verlauf der nächsten zwei Stunden gelingt es uns, einige zu fangen. Sehr geschickt verfahren wir dabei offenbar nicht, denn oft genug hüpfen uns die munteren Gesellen in dem Augenblick davon, als wir sie in das Transportgefäß setzen wollen.

Im Hotel stellen wir schließlich fest, daß wir zwei verschiedene Arten eingefangen haben. Der erste Hylide ist knapp 3 cm groß, nach Duellman (1970) handelt es sich um *Hyla phlebodes*. Die zweite Art zeichnet sich vor allem durch einen langen, schaufelförmigen Kopf aus. Ihre Färbung ist goldgelb mit einer braunen Streifenzeichnung auf dem Rücken und auf den Beinen. Auch dieser Laubfrosch – *Ololygon elaeochroa* – ist jetzt im Januar in Fortpflanzungsstimmung.

Wir lassen unsere Frösche für drei Tage unter der Aufsicht eines Einheimischen zurück, da wir wegen der Pfeilgiftfrösche (Dendrobatidae) die Inseln des Bocas-Archipels besuchen wollen. Als wir zurückkommen, hat *Hyla phlebodes* im Behelfsterrarium abgelaicht: Wir finden bereits frischgeschlüpfte Larven vor.

Der Transport unserer Frösche nach Deutschland verläuft erfolgreich. Im Januar dieses Jahres setzen wir zwei Männchen und ein Weibchen von *Hyla phlebodes* in ein Zuchtterrarium mit Dauerberegnung. Nach vier Tagen beginnen die Männchen zu quaken, nach einer Woche laicht das Paar ab. Die Eier werden in kleinen Klumpen an der Wasseroberfläche abgesetzt und an Pflanzen befestigt. Wir zählen etwa 300 Eier in fünf Laichklumpen.

Leider war mit der Aufzucht der Larven kein Erfolg beschieden. Zwar schlüpften nach drei Tagen winzige, etwa 5 mm große Kaulquappen, die jedoch nur wenige Tage lebten. Da ein großer Teil der Larven Mißbildungen in Form von aufgetriebenen Bäuchen und verkrümmten Schwänzen aufwies, waren sie wohl von Anfang an nicht lebensfähig.

So bleibt mir nur die Hoffnung, daß ein Nachzuchtversuch im nächsten Jahr erfolgreicher verläuft. Die Elterntiere sind nach wie vor in guter Verfassung.

Laubfrösche aus Mittel- und Südamerika

Agalychnis callidryas
Rotaugenlaubfrosch
(Fotos Seite 27 u. 28)
Die Greiffrösche aus den Gattungen *Agalychnis* und *Phyllomedusa* gehören wohl zu den schönsten Froschlurchen überhaupt. Die populäre Bezeichnung bezieht sich auf die Fähigkeit dieser Hyliden, die Zehen einander gegenüberzustellen, so daß sie regelrecht greifen können. Etwa acht *Agalychnis*-Arten besiedeln Mittelamerika und das nördliche Südamerika. Einige Arten dieser nachtaktiven „Tropengeister" zeichnen sich durch auffällig rot oder gelb gefärbte Augen aus.
Beschreibung: Der Rotaugenlaubfrosch ist überaus hübsch gefärbt. Sein Farbenspiel in Rot, Grün, Orange, Gelb und Blau fasziniert ebenso wie seine schleichende, lemurenartige Fortbewegung. Zur leuchtend grünen Oberseite des Frosches kontrastieren die himmelblau abgesetzten Flanken mit ihrer gelben Querbänderung. Die Füße sind orangerot gefärbt, und das Auffälligste am ohnehin auffälligen Frosch ist die knallig rote Iris, die bei ruhenden Tieren vom durchscheinenden, netzartig gegitterten unteren Augenlid bedeckt ist. Die Weibchen erreichen eine Länge von über 7 cm, Männchen bleiben mit gut 5 cm deutlich kleiner. Von den verwandten Arten der Gattung *Phyllomedusa* lassen sich *Agalych-nis* dadurch unterscheiden, daß ihre erste Zehe stets kürzer als die zweite ist.
Verbreitung und Lebensraum: Der Rotaugenlaubfrosch bewohnt nach Schulte (1980) die zum Atlantik abfallenden Berghänge und Tiefländer des südlichen Veracruz und des nördlichen Oaxaca (Mexiko), das nördliche Honduras und die Karibikhänge bis zur Kanalzone Panamas. Eine weitere Population lebt an der Pazifikseite von Costa Rica. Nach Schulte kommen die Frösche in Höhenlagen von 8 bis 960 m vor. Dort besiedeln sie die Regenwälder und leben im vielseitigen Bewuchs der Tropenbäume.
Pflege im Terrarium: Rotaugenlaubfrösche benötigen große Terrarien ab 100×100×50 cm Ausmaß, da sie trotz ihrer Bedächtigkeit über ein gutes Sprungvermögen verfügen. Bei der Einrichtung des Terrariums, das als Regenwaldterrarium oder als Paludarium geplant wird, können wir unserer Phantasie freien Lauf lassen und zum Beispiel einen tropischen Urwaldausschnitt am Rande eines Gewässers nachbilden. Geeignete Pflanzen sind Philodendron, Scindapsus, große Bromelien, Dieffenbachia und andere Gewächse, die das feuchtwarme „Tropenklima" vertragen. Der Wasserteil kann über die gesamte Bodenfläche angelegt werden und sollte eine Tiefe von mindestens 10 cm haben. Zur Reinigung des Wassers empfiehlt sich wegen der gu-

ten Verdauung der Frösche der Einsatz einer Filterpumpe. Die Luft- und Wassertemperaturen sollten bei hoher Luftfeuchtigkeit von 80 bis 100% relativer Feuchte zwischen 24 und 26°C tagsüber und um 20°C in der Nacht liegen. Als Futter nehmen die Frösche Fliegen, Motten, Wachsraupen und Heimchen an.

Verhalten und Zucht: Die Zucht des Rotaugenlaubfrosches gelingt am besten, wenn wir ihn für etwa acht Wochen trockener halten und auch den Wasserteil bis auf eine Badestelle leeren. Beutelschiess (1985) empfehlen während der Trockenzeit eine relative Luftfeuchte von 60 bis 70%. Zur Einleitung des Fortpflanzungsverhaltens wird mittels einer Motorpumpe eine „Regenzeit" simuliert. Dazu verwenden wir ein perforiertes Plastikrohr, wie es vielen Aquarienfiltern beiliegt und befestigen es im oberen Terrarienbereich. Nach dem Anschluß des Motorfilters lassen wir das Wasser aus dem Wasserteil über das perforierte Rohr in das Terrarium „regnen". Zusätzlich heizen wir das Wasser auf maximal 24°C (bei höheren Temperaturen verpilzen nach Schulte die Gelege) und versprühen abends Wasser mit einem Wasserzerstäuber. Die Laubfrösche benötigen als Anreiz zum Ablaichen offenbar tatsächlich einen Luftfeuchtigkeitswert von nahezu 100%.

Mit ein wenig Glück „belohnen" die Männchen unsere Bemühungen durch vermehrtes Quaken und zeigen damit ihre Paarungsbereitschaft an. Im Gegensatz zu anderen Autoren, die von einer „Paarungsanimation" der Weibchen berichten, waren bei mir die Männchen aktiver. Die „Paarungsanimation" der Weibchen dürfte sich allerdings wie in der Natur darin erschöpfen, daß die Weibchen zum Gewässer herabsteigen, wo die paarungswilligen Männchen warten.

Der Paarungsdrang der Männchen ist immerhin so stark, daß auch andere Frösche geklammert werden, wie es bei mir einem Weibchen von *Smilisca phaeota* widerfuhr. Das ungleiche Paar blieb eine Nacht beieinander, bis das Männchen seinen „Irrtum" erkannte. In der folgenden Nacht kam es dann zu einer Verpaarung mit einem artgleichen Weibchen. Nun trennen sich die Tiere bis zur Eiablage nicht mehr. Allerdings kann es auch passieren, daß die Weibchen keinen Laich angesetzt haben, so daß die auf dem Rücken ausharrenden Männchen nach einiger Zeit Gefahr laufen zu verhungern. Wir sollten daher ein Paar nach etwa einer Woche trennen, wenn es bis dahin keine Gelege abgesetzt hat.

Ein laichbereites Weibchen sucht schließlich ein über dem Wasser hängendes großes Blatt auf, um sein Gelege an dessen Unterseite abzusetzen. Das Gelege mit den durchschnittlich fünfzig hellgrünen Eiern hat sich nach einer Woche so weit entwickelt, daß die Kaulquappen ausschlüpfen und ins Wasser fallen. Wir können das Blatt mit dem Gelege vor dem Ausschlüpfen der Larven auch aus dem Terrarium herausnehmen und in ein Aufzuchtaquarium überführen, was die Aufzucht der Larven sicher erleichtert. Die sofortige Trennung des Geleges vom Terrarium der Elterntiere hat zudem den Vorteil, daß sich die Larven nicht mit

Würmern infizieren können, die bei *Agalychnis* leider weit verbreitet sind. Die Larven lassen sich als Filtrierer anfangs mit feinem Staubfutter, wie es speziell für Zierfischaufzuchten erhältlich ist, aufziehen. Später geben wir normales Flockenfutter, Frolic-Ringe (Hundefutter), Mückenlarven und Daphnien. Nach etwa 80 bis 100 Tagen ist die Entwicklung abgeschlossen, und kleine, zunächst lilafarbene Jungfrösche verlassen das Wasser. Um ein Ertrinken der Jungtiere in diesem Stadium auszuschließen, sollten wir das Aquarium schrägstellen, so daß die Jungen mühelos den oben liegenden Landteil erreichen können.

Die jungen *Agalychnis* lassen sich mit Drosophila, kleinen Heimchen und Stubenfliegen aufziehen. Die Futtertiere müssen regelmäßig mit Osspulvit bestäubt werden, um den Jungfröschen vor allen Dingen Mineralstoffe zuzuführen. Beutelschiess (1985) und Schulte (1980) weisen darauf hin, daß die jungen Rotaugenlaubfrösche „im Futter stehen" müssen, da sie langsam und bedächtige Fresser seien. Im Alter von zwei Jahren erreichen die Rotaugenlaubfrösche ihre Geschlechtsreife.

Agalychnis annae (Foto Seite 45)

Beschreibung: *Agalychnis annae* wird mit einer Maximallänge von 8,4 cm noch ein wenig größer als *Agalychnis callidryas*; Männchen bleiben etwa einen Zentimeter kleiner. Mit seinen uniblauen Flanken als Kontrast zum grünen Rücken ist auch dieser Greiffrosch eine attraktive Erscheinung. Die Füße sind grün und an den Spitzen blau gefärbt; die Iris der Augen erscheint bei Lichteinfall gelb.

Verbreitung und Lebensraum: *Agalychnis annae* bewohnt nach Duellman (1970) feuchte Bergwälder bis zu Höhen von 1600 m an der Karibikseite von Costa Rica. Die Frösche wurden zum Beispiel in der Cordillera del Guanacaste, Cordillera Central und in der Cordillera Talamanca gefunden. Eine weitere Verbreitung im anschließenden Westen Panamas erscheint möglich.

Pflege im Terrarium: Aufgrund ihrer Verbreitung in Höhenlagen sollten die Frösche bei gemäßigten Tagestemperaturen bis zu 24° C gehalten werden. Eine nächtliche Abkühlung auf 16 bis 18° C erscheint empfehlenswert. Im übrigen sollten *Agalychnis annae* wie *Agalychnis callidryas* gepflegt werden.

Verhalten und Zucht: Wie alle Greiffrösche ist auch *A. annae* ausgesprochen nachtaktiv. Den Tag verbringen sie eng an die Unterseite von Blättern „geklebt", wobei sie mit ihren Extremitäten die auffällig gefärbten Seitenteile verdecken und die Augen eingezogen sind. Nach Einbruch der Dunkelheit werden die Frösche erst nach einer intensiven „Abendgymnastik" aktiv, wobei der Rumpf in Pumpbewegungen gedehnt und gestreckt wird.

Nach Duellman (1970) liegt die Laichzeit zu Beginn der Regenzeit im April oder Mai. Männchen rufen offenbar während der gesamten Regenzeit, die bis in den Dezember andauert. Die Entwicklungszeit vom Ei zum Jungfrosch gibt Duellman mit 247 Tagen an, eine deutlich längere Zeit als bei *A. callidryas*.

Agalychnis saltador
Kleiner Rotaugenlaubfrosch

Beschreibung: Bei *Agalychnis saltador* handelt es sich um die kleinste *Agalychnis*-Art. Die Männchen erreichen nur eine Länge von 4,5 cm, die Weibchen werden bis zu 6 cm groß. Farblich zeichnet sich der Kleine Rotaugenlaubfrosch durch eine grüne Rückenfärbung aus, die von undeutlichen schwarzen Bändern durchzogen sein kann. Die Oberseiten der Extremitäten sind ebenso gefärbt, Kehle und Bauch sind weiß.

Die Art verfügt wie *Phyllomedusa lemur* über ein ausgeprägtes Farbwechselvermögen und präsentiert sich in der Nacht schokoladenbraun mit dunkelbrauner Musterung. Die Flanken, die Oberarme und die Oberschenkel sind in der Regel uniblau oder purpurfarben. Seinen populären Namen verdankt *Agalychnis saltador* der auffällig roten Augeniris.

Verbreitung und Lebensraum: *Agalychnis saltador* bewohnt nach Duellman (1970) die karibischen Tieflandgebiete vom östlichen Nicaragua bis zum nordöstlichen Costa Rica. Die kleinen Greiffrösche leben in den feuchten Regenwäldern bis zu einer Höhe von 780 m. In ihrer Lebensweise gleichen sie *Agalychnis callydrias*, mit dem sie in ihren Biotopen zusammen vorkommen.

Pflege im Terrarium: *A. saltador* läßt sich auch in kleineren Terrarien pflegen. Die Pflegebedingungen gleichen denen von *Agalychnis callydrias*.

Verhalten und Zucht: Zu Beginn der kurzen Regenzeiten steigen *Agalychnis saltador* von den Bäumen herab, um an dauerhaften oder temporären Tümpeln zu laichen. Duellman (1970) fand rufende Männchen in Costa Rica in der Provinz Guanacaste im August, während sie in der Provinz Heredia im Juni riefen. Die Rufe bestehen aus einem einfachen oder doppelten „clack" und werden in Intervallen von 30 Sekunden bis zu mehreren Minuten wiederholt. Über eine gelungene Zucht im Terrarium ist nichts bekannt, Schulte (1980) hält die Tiere für heikel.

Anotheca spinosa
Kronenlaubfrosch

Beschreibung: Die Gattung *Anotheca* besteht nur aus der einen Art, *Anotheca spinosa*. Verwandtschaftlich den Beutelfröschen *Gastrotheca* nahestehend, unterscheiden sich die Kronenlaubfrösche von diesen dadurch, daß die Weibchen keine Rückentaschen für die Brutpflege ausbilden.

Die kompakt gebauten Frösche erreichen bei den Weibchen eine Länge bis zu 7,5 cm, während die Männchen einen knappen Zentimeter kleiner bleiben. Charakteristisches Merkmal sind die Knochenauswüchse im hinteren Kopfbereich, die wie eine Dornenkrone hervortreten. Die Frösche zeigen oberseits eine hellbraune Färbung, an den Flanken wird die Rückenfärbung von der schwarzbraunen Unterseitenfärbung zungenförmig durchbrochen. Die Gliedmaßen sind in hellen und dunklen Brauntönen gebändert. Die Augen besitzen eine ovale Pupille und eine bronzefarbene Iris. Spannhäute an Fingern und Zehen fehlen weitgehend.

Verbreitung und Lebensraum: *Anotheca spinosa* ist in Mexiko an den atlantischen Berghängen der Sierra Madre Oriental und im nördlichen Oaxaca sowie in der Sierra de los Tuxtlas im südlichen Veracruz zu finden. Die Frösche leben dort in Höhen zwischen 800 und 1800 m. An den karibischen Hängen von Costa Rica und Westpanama, wo der Kronenlaubfrosch ebenfalls vorkommt, bewohnt die Art epiphytenbewachsene Bäume in Höhen von 300 bis 1200 m.

Pflege im Terrarium: Über die Terrarienhaltung ist wenig bekannt. Als Nebelwaldbewohner benötigen die Frösche mäßige Temperaturen von 18 bis 24°C und eine hohe Luftfeuchtigkeit. Larven des Kronenlaubfrosches wurden von Duellman (1970) in Bromelien und wassergefüllten Baumlöchern gefunden. Die Larven sollen sich von Froscheiern und Moskitolarven ernähren. Adulte Tiere erwiesen sich nach Obst/Richter/Jakob (1984) im Terrarium bei Insektenfutter als kurzlebig.

Centrolenella fleischmanni
Glasfrosch (Fotos Seite 28)

Beschreibung: Die Glasfrösche (Familie Centrolenidae) leben mit mehr als 50 Arten in den Berg- und Regenwäldern von Mittel- und Südamerika. Es handelt sich durchweg um kleine, zart und transparent wirkende Fröschchen, die in der Regel durchscheinend grün gefärbt sind. Die populäre Bezeichnung Glasfrosch ist treffend gewählt, da man bei einigen Arten durch die transparente Bauchhaut die inneren Organe erkennen kann. Alle Glasfrösche zeichnen sich weiterhin durch horizontale Pupillen und kleine, oft kaum sichtbare Trommelfelle aus.

Centrolenella fleischmanni entspricht der vorstehenden Beschreibung: Sein hellgrüner Rücken ist von kleinen gelben Flecken übersät. Von anderen Glasfröschen ist er nach Jungfer (1988) daran zu unterscheiden, daß er weiße Knochen besitzt, während die übrigen Glasfrösche grüne Knochen aufweisen, was an den Hinterbeinen gut zu erkennen ist. Lediglich *Centrolenella valerioi* soll ebenfalls weiße Knochen besitzen, doch diese Art zeigt im Gegensatz zu *Centrolenella fleischmanni* große gelbe Flecken, die die grüne Grundfärbung weitgehend überdecken. Die Männchen von *Centrolenella fleischmanni* werden 2,1 cm groß, die Weibchen 2,4 cm.

Verbreitung und Lebensraum: *Centrolenella fleischmanni* kommt in Mittelamerika in Costa Rica und Panama vor, in Südamerika ist die Art in Kolumbien, Surinam, Ecuador und Venzuela beheimatet. Schulte (1980) fand die Frösche im Bergtal El Valle in Panama stets in un-

Oben links: Agalychnis annae erreicht eine Länge von über acht Zentimetern und gehört zu den größten Greiffröschen (S. 42).
Oben rechts: Hyla crepitans (S. 53).
Mitte links: Hyla colymba, der an einen Glasfrosch erinnert, lebt an Gebirgsbächen (S. 52).
Mitte rechts: Gastrotheca marsupiata, Jungtier (S. 48).
Unten: Gastrotheca marsupiata (S. 48).

mittelbarer Nähe von schnellfließenden Bächen, wo sie sich in 2 m Höhe in der Ufervegetation, vor allem in den Pflanzenteilen, die den Bach überragen, aufhielten. Im selben Biotop fing Schulte auch den Glasfrosch *Centrolenella euknemos*, der sich durch eine blaugrüne Färbung mit weit auseinanderliegenden gelbweißen Punkten auszeichnet.

Pflege im Terrarium: Für die Pflege der kleinen Glasfrösche reichen Terrarien in einer Größe von 60×60×40 cm aus. Das Terrarium ist dicht zu bepflanzen, ein kleiner pumpenbetriebener „Bach" sollte installiert werden. Bei hoher Luftfeuchtigkeit ist die Wahl der Temperatur davon abhängig, ob es sich um Frösche aus dem Tiefland oder um Bergbewohner handelt. Die einen vertragen Temperaturen von 22 bis 28°C, die anderen sollten bei Temperaturen zwischen 18 und 24°C gepflegt werden. Eine gute Terrarienbelüftung ist sehr wichtig. Da gleichzeitig die Luft zwischen 80 und 90% relative Feuchte aufweisen muß, sollte die zuströmende Frischluft über einen Ultraschall-Luftbefeuchter automatisch angefeuchtet werden. Bei Beachtung der Pflegeanleitung und bei abwechslungsreicher Ernährung mit vitaminisierten Futtertieren (z. B. Drosophila) lassen sich die Fröschchen vom erfahrenen Terrarianer durchaus erfolgreich halten. Für Anfänger sind sie jedoch nicht zu empfehlen.

Verhalten und Zucht: In der Fortpflanzungszeit rufen die Männchen mit hohen, hellen „ping-ping"-Lauten von großen Blättern über dem Wasser. Die Weibchen begeben sich zu den Männchen, und nach einem kurzen Körperkontakt kommt es zum Amplexus. Jungfer (1988) beschreibt, daß etwa 30 grünlichgelbe Eier an der Unterseite von Blättern abgesetzt werden. Offenbar findet auch eine Brutpflege statt, da Jungfer seine Frösche auf weit entwickelten Gelegen beobachtete, was dafür spricht, daß die Männchen die Gelege befeuchten. Die Aufzucht der Larven gelingt am besten in „eingefahrenen" Aquarien mit etwa 15 cm Wasserstand bei guter Belüftung und guter Wasserqualität.

Centrolenella prosoblepon
Glasfrosch (Foto Seite 28)

Beschreibung: Bei *Centrolenella prosoblepon* handelt es sich um einen gelbgrünen Glasfrosch mit feiner schwarzer Punktierung auf dem Rücken und den Gliedmaßen. Die Seiten sind weiß abgesetzt, die Bauchseite durchsichtig. Die Männchen besitzen einen recht großen Oberarmsporn. Beide Geschlechter erreichen eine Größe von knapp 3 cm.

Verbreitung und Lebensraum: *Centrolenella prosoblepon* bewohnt die montanen Regenwälder von Costa Rica und Panama in Höhen zwischen 900 und

Oben: Hyla uranochroa bewohnt feuchte Bergwälder in Costa Rica und Westpanama (S. 58).
Mitte links: Hyla ebraccata, rufendes Männchen (S. 54).
Mitte rechts: Mit ein wenig Glück läßt sich Hyla ebraccata im Terrarium vermehren; hier ein Paar im Amplexus (S. 54).
Unten links: Osteopilus septentrionalis (S. 60).
Unten rechts: Ololygon rubra (S. 59).

1400 m. Die Frösche leben in der Ufer-vegetation von Bächen und Flüssen.

Pflege im Terrarium: *Centrolenella prosoblepon* benötigt ähnliche Pflegebedingungen wie *Centrolenella fleischmanni*. Die Lufttemperaturen sollten für die in gemäßigten Höhenlagen vorkommenden Frösche 24°C nicht übersteigen. Da die Art ein wenig größer als die vorgenannte wird, bewältigt sie auch (vitaminisierte) Stubenfliegen und größere Motten.

Verhalten und Zucht: In Fortpflanzungsstimmung lassen die Männchen von *Centrolenella prosoblepon* nach Einbruch der Dunkelheit ihre schrillen Rufe erklingen. Die Pfeifrufe, die mehrmals hintereinander ausgestoßen werden, locken allerdings auch andere Männchen an. Im Terrarium kann man gelegentlich regelrechte Ringkämpfe beobachten, wobei die Männchen sich gegenseitig von ihren Rufplätzen herunterzustoßen trachten. Wenn sich ein Weibchen dem Männchen nähert, springt das Männchen auf den Rücken des Weibchens und umklammert es hinter den Armen. Nach Jungfer (1988) werden die Gelege in einer traubenförmigen Gallertmasse auf der Oberseite von Blättern oder an Ästen abgesetzt. Die zunächst schwarzen Larven sollen sich nach Jungfer im Laufe der Zeit rosarot umfärben. Die Fütterung der Larven sollte gegen Abend erfolgen, da sie nachtaktiv sind. Bis zur Metamorphose benötigen die Frösche etwa 5 Monate. Bei sorgfältiger Pflege können die Glasfrösche im Terrarium durchaus ausdauernd sein. So gibt Jungfer für ein bereits adultes Weibchen eine fünfjährige Pflegezeit an.

Gastrotheca marsupiata
Beutelfrosch (Fotos Seite 45)

Die Beutelfrösche der Gattung *Gastrotheca* haben wir schon in der Einleitung kennengelernt. Sie zeichnen sich durch ihre interessante Brutpflege aus. Der Riesenbeutelfrosch *Gastrotheca ovifera* trägt seinen Nachwuchs so lange im Brutbeutel auf dem Rücken mit sich herum, bis seine Larven sich zu fertigen Fröschchen entwickelt haben.

Die bekannteste Art der Beutelfrösche, *Gastrotheca marsupiata*, betreut die Kinderschar dagegen nicht bis zum fertigen Jungfrosch. Hier werden bereits die Kaulquappen aus der elterlichen Fürsorge entlassen.

Die Übersetzung der Gattungsbezeichnung „Gastrotheca" ist übrigens irreführend, da es sich danach um einen „Bauchbehälter" handeln müßte. Tatsächlich ignorieren aber alle Beutelfrösche diese wissenschaftliche Falschbezeichnung und tragen ihre Beuteltaschen auf dem Rücken.

Beschreibung: Der Beutelfrosch *Gastrotheca marsupiata* ist ein kompakt gebauter Laubfrosch mit kurzem Kopf und kräftigen Gliedmaßen. Er erreicht eine Länge bis zu 7 cm, die Männchen bleiben ein wenig kleiner. Die Färbung ist recht variabel. Neben überwiegend grünen Tieren mit dunkelbraunen Flecken finden wir auch braungemusterte Exemplare. Besonders hübsch sind die Tiere, die ornamentartige, großflächige Muster aufweisen. Die Seiten sind in der Regel hellbraun bis beigefarben abgesetzt und sehen leicht genoppt aus. Die Weibchen weisen die typische Bruttasche auf, deren hufeisenförmige Öffnung im hinteren Rückendrittel liegt. Die Männchen besitzen eine Schallblase; ihre Kehle ist zumeist dunkler gefärbt.

Verbreitung und Lebensraum: *Gastrotheca marsupiata* ist offenbar nur in Ecuador weiter verbreitet. Als Baumbewohner leben die Tiere im feuchten Regenwald und steigen bis in höhere Regionen auf. Nach Schulte (1980) kommen die Frösche auch in trockeneren Landschaften vor, wo sie sich in den Blattscheiden der Agaven verstecken.

Pflege im Terrarium: Beutelfrösche benötigen ein mittelgroßes Terrarium mit Maßen von etwa 80×50×50 cm. Eine dichte Bepflanzung mit Philodendron, Trichterbromelien und rankenden Gewächsen sagt ihnen zu. Größere, waagrecht verankerte Sitzplätze, zum Beispiel ein Epiphytenstamm, werden gern angenommen. Ein größerer Wasserteil ist nicht nur für die Zucht erforderlich, sondern auch für das Aufrechterhalten einer hohen Luftfeuchtigkeit, die zwischen 80 und 100% relativer Feuchte liegen sollte.

Ensinck (1978), dem die Zucht mit einer Gruppe von einem Männchen und drei Weibchen gelang, hielt die Tiere im Winter bei niedrigen Temperaturen von 10°C. Eine Vergesellschaftung mit kleineren Fröschen ist nach Ensinck nicht zu empfehlen, da sich die Beutelfrösche an kleineren Mitbewohnern vergreifen. Geeigneteres Futter sind Insekten aller Art bis zur Heimchengröße.

Verhalten und Zucht: In den Sommermonaten kommen die Beutelfrösche bei Temperaturen von 25°C am ehesten in Paarungsstimmung, wenn wir sie kühl überwintert haben. Bei einsetzenden „Regenfällen", die wir mit einem Wasserzerstäuber imitieren, beginnen die Männchen immer häufiger zu rufen. Wenn ein Weibchen laichbereit ist, läßt es sich vom Männchen in der Achselregion umklammern. Schließlich kommt es zur Eiablage, die während des Amplexus erfolgt. Dabei hebt das Weibchen sein Hinterteil steil an, damit die austretenden Eier über den feuchten Rücken in die Bruttasche gleiten können. Das Männchen hilft mit den Hinterbeinen mit, die Eier in die Bruttasche zu befördern und befruchtet sie gleichzeitig. Die einsetzende Entwicklung der Eier läßt sich in der folgenden Zeit am stetig anschwellenden Rücken der Weibchen erkennen.

Nach drei bis sechs Wochen sucht das Weibchen den Wasserteil auf, um die Kinderschar abzusetzen. Über mehrere Nächte hinweg verweilt das Weibchen am Wasser und öffnet abwechselnd mit den Hinterbeinen die Bruttasche, woraufhin jeweils einige Larven freikommen. Auf diese Weise kann ein Weibchen über einhundert Larven absetzen.

Die Aufzucht der Kaulquappen in kleinen Aquarien ist nicht schwierig. Sie fressen von Flockenfutter über Mückenlarven bis hin zu Rinderherz alles, was wir ihnen anbieten. Bei zunehmender Größe sollten wir die Kaulquappen auf mehrere Becken verteilen, damit sich die Quappen nicht gegenseitig behindern. Eine Überbesetzung des Aufzuchtbeckens kann nämlich dazu führen, daß einige Larven wachstumshemmende Stoffe ausscheiden und dadurch die übrigen beeinträchtigen. Die Metamorphose erreichen die Larven nach einer Entwicklungszeit von 8 bis 12 Wochen (bei 22° C Wassertemperatur). Sie sind dann 6 cm groß. Beim Durchbruch der Vorderbeine sollten wir den Wasserstand auf wenige Zentimeter senken und das Aufzuchtbecken schräg stellen, damit die Jungfröschchen problemlos das „Ufer" erklimmen können.

Die anfangs 2,5 cm großen Fröschchen sind entzückende Kerlchen. Sie wirken zunächst ein wenig unbeholfen und fallen bei ihren Kletterversuchen häufig auf die „Nase". Ihre Aufzucht kann mitunter Probleme bereiten, da die Tiere bei unzureichender Mineralstoffzufuhr schlecht wachsen und schließlich verkümmern. Wir sollten die Futtertiere daher regelmäßig mit einem Mineralstoffpulver (zum Beispiel Osspulvit) bestäuben, um Mangelerscheinungen vorzubeugen. Nach etwa einem Jahr sind die Frösche bei guter Fütterung geschlechtsreif. Ausführliche Berichte über die Zucht des Beutelfrosches finden wir bei E. Zimmermann (1983) und H. Weiss (1969).

Gastrotheca ceratophrys
Panamabeutelfrosch

Beschreibung: *Gastrotheca ceratophrys* gehört zu den größten Beutelfröschen. Die Männchen erreichen nach Duellman (1970) 8,1 cm, die Weibchen bleiben mit einer Größe von gut 7 cm deutlich kleiner. Aufgrund seiner auffälligen Hautzipfel über den Augen läßt sich die Art unschwer erkennen. Farblich variiert der Panamabeutelfrosch von einer dunkelbraunen Tagfärbung bis zu einem hellen Beigebraun während seiner nächtlichen Aktivität. An den Flanken zeigt sich ein hellbraunes Fleckenmuster. Eine mehr oder weniger deutliche braunschwarze Bänderung überzieht die Oberseiten der Gliedmaßen.

Der kurze Kopf wirkt durch die großen, hochstehenden Augen und durch die Hautzipfel auf den oberen Augenlidern in der frontalen Ansicht dreieckig. An den Fingern und Zehen besitzt *Gastrotheca ceratophrys* große Haftscheiben, die Zehen sind zu Dreivierteln von Spannhäuten umgeben.

Verbreitung und Lebensraum: *Gastrotheca ceratophrys* kommt an den karibischen Berghängen in West- und Zentralpanama bis in Höhen von 1500 m über NN vor. In Ostpanama lebt die Art an den pazifischen Berghängen und erreicht dort auch Kolumbien. Beim Panamabeutelfrosch handelt es sich um einen ausgesprochenen Baumfrosch, der im ständig feuchten Regenwald in den Wipfeln der Urwaldbäume lebt. Duellman (1970) fand die Frösche in 12 m Höhe und beschreibt ihre Rufe als ein lautes „bob".

Pflege im Terrarium: Leider sind die terraristischen Kenntnisse über *Gastrotheca ceratophrys* noch recht unvollständig. Die Art wird selten angeboten, da sie aufgrund ihrer Lebensweise in den Baumwipfeln nur per Zufall entdeckt wird. Duellman (1970) weist darauf hin, daß die Brutbiologie von *Gastrotheca ceratophrys* noch weitgehend unbekannt ist. Er fand ein Weibchen mit neun in der

Entwicklung befindlichen Eiern, die ca. 12 mm groß waren. In welchem Entwicklungsstadium die Larven aus dem Brutbeutel entlassen werden, ist noch nicht bekannt. Die Pflege und vielleicht auch die Zucht von *Gastrotheca ceratophrys* dürfte engagierten Terrarianern jedoch gelingen, was wünschenswert wäre, um die bestehenden Wissenslücken zu schließen.

Gastrotheca riobombae
Riobamba-Beutelfrosch

Beschreibung: *Gastrotheca riobombae* ähnelt dem Beutelfrosch *Gastrotheca marsupiata*. Die etwa 6 cm großen Laubfrösche sind variabel gefärbt und zeigen je nach Lokalität eine eher braune oder grüne Oberseite. In der Regel besitzen die Tiere eine Längsstreifung aus grünen und braunen Bändern oder Flecken. Die Rückenhaut wirkt leicht rauh, an den Seiten ist eine deutliche Körnung zu erkennen. Ein dunkelbraunes Lateralband verläuft von den Augen bis hinter die Schultern. Die Bauchseite ist cremefarben und mit dunkelbraunen Flecken durchsetzt.

Verbreitung und Lebensraum: Im Gegensatz zu *Gastrotheca marsupiata* handelt es sich beim Riobamba-Beutelfrosch um einen Bergbewohner, der an den Hängen der Kordilleren Ecuadors in Höhen von 1800 bis 4000 m vorkommt. Nach Nietzke (1989) leben die Frösche in feuchten Bergwiesen und an trockenen Felshängen sowie auch in Getreidefeldern, an Entwässerungsgräben und stehenden Gewässern.

Pflege im Terrarium: Die Haltung von *Gastrotheca riobombae* erfolgt in mittelgroßen Terrarien unter ähnlichen Bedingungen wie bei *Gastrotheca marsupiata*. Lediglich die Temperaturen sind niedriger zu wählen: Tagsüber reichen 20 bis 23° C aus, nachts sollte es auf etwa 18° C abkühlen.

Verhalten und Zucht: Auch hier bestehen große Gemeinsamkeiten mit *Gastrotheca marsupiata*. Die paarungsbereiten Männchen machen mit lauten Rufen auf sich aufmerksam. Paarungswillige Weibchen werden in der Achselregion geklammert. Das Männchen entleert seine Samenflüssigkeit bereits vor dem Ablaichen auf dem Rücken des Weibchens und schlägt sie mit den Hinterbeinen schaumig. Beim Ablaichen drückt das Weibchen den Rücken durch und hebt das Hinterteil an, so daß die austretenden Eier durch die Samenflüssigkeit nach vorn rutschen. Das Männchen hilft dann mit, die Eier in der Rückentasche des Weibchens zu verstauen. Nach Nietzke (1989) dauert die Entwicklung der Eier bis zum Larvenstadium 70 bis 80 Tage.

Hemiphractus panamensis
Helmkopffrosch

Beschreibung: *Hemiphractus panamensis* gehört zu einer kleinen, aus 9 Arten bestehenden Gattung von Laubfröschen, die durch ihre merkwürdige Kopfform auffallen. Helmkopffrösche besitzen einen dreieckigen Schädel, der im Nacken mit einer hochstehenden Knochenplatte abschließt, so daß der Eindruck eines aufgesetzten „Helms" entsteht.

Beim etwa 6 cm großen *Hemiphractus panamensis* läuft der Helm im Nacken zu beiden Seiten spitz aus. Auf der Schnauzenspitze und auf den Augenlidern tragen die Frösche Hautzipfel wie die Zipfelkrötenfrösche, *Megophrys nasuta*. Die hellbraune Oberseitenfärbung wird von zwei dunkelbraunen Bändern aufgelockert, Kehle und Brust sind dunkelbraun. Die Pupillen stehen waagrecht, die Iris erscheint braun bis grau. An den Fingern und Zehen befinden sich relativ kleine Haftscheiben, Spannhäute fehlen. Die auffälligste Färbung zeigt der Helmkopffrosch beim Drohen mit aufgerissenem Maul: Dann wird der gelborange gefärbte Rachen sichtbar. Schulte (1980) berichtet, daß die Frösche mit ihren spitzen Zähnen im Oberkiefer und zwei scharfen Knochenhaken an der Spitze des Unterkiefers schmerzhaft zubeißen können.

Verbreitung und Lebensraum: *Hemiphractus panamensis* ist nur aus Panama bekannt. Die Frösche leben in den feuchten Bergwäldern der karibischen Seite Panamas in Höhen zwischen 300 und 1600 m. Im östlichen Panama kommen sie auch an den zur Pazifikseite gelegenen Berghängen vor. Ihr Lebensraum ist der Waldboden, wo sie sich unter anderem von kleineren Fröschen und Schnecken ernähren.

Pflege im Terrarium: Aufgrund seiner Ernährung und seiner zum Teil noch unerforschten Biologie ist der Helmkopffrosch nur dem Spezialisten zu empfehlen. Die Haltung erfolgt in Terrarien mit ausreichend großer Bodenfläche. Bei der Einrichtung ist die Bodenfläche mit Ei-chenlaub und Wurzelwerk als „Urwaldboden" zu gestalten. Größere wassergefüllte Trichterbromelien werden gern als Badeplatz angenommen. Als Bergwaldbewohner reichen dem Helmkopffrosch niedrigere Temperaturen von 18 bis 24°C tagsüber, nachts sollte es abkühlen. Durch einen feuchten Boden und zusätzliches Sprühen ist die Luftfeuchtigkeit im hohen Bereich zwischen 80 und 90% relativer Feuchte einzustellen.

Verhalten und Zucht: Über eine Nachzucht im Terrarium ist noch nichts bekannt. Erwähnenswert ist allerdings die bemerkenswerte Brutbiologie der Art. Die Weibchen tragen die 8 bis 14 auffällig großen Eier in einzelnen Hauttaschen so lange auf dem Rücken, bis die fertig entwickelten Fröschchen ausschlüpfen. Die für die Aufzucht der Larven gebildeten Brutkammern werden nach Schulte (1980) nach dem Schlupf der Jungfrösche mit der Häutung abgestreift.

Hyla colymba (Foto Seite 45)

Beschreibung: *Hyla colymba* erinnert mit seiner transparenten hellgrünen bis gelbgrünen Färbung auf den ersten Blick an einen Glasfrosch. Ein charakteristischer cremeweißer Dorsolateralstreifen zieht sich von der Schnauzenspitze über die Augen bis zur Höhe des Vorderbeinansatzes. Besonders apart wirken diese Hyliden durch eine feine Punktierung auf dem Rücken und den Gliedmaßen sowie durch ihre weißgraue Iris. Die Männchen sind mit einer Größe von 3,7 cm ausgewachsen, die Weibchen erreichen 4,3 cm Länge.

Verbreitung und Lebensraum: *Hyla colymba* ist nach Duellman (1970) an den karibischen Berghängen von Costa Rica und Panama in Höhen von 600 bis 1400 m über NN verbreitet. Darüber hinaus kommen die Frösche an den pazifischen Berghängen von Ostpanama und Ecuador und wahrscheinlich auch in Kolumbien vor. Wir fanden *Hyla colymba* an den karibischen Berghängen Westpanamas in etwa 1400 m Höhe. Die Frösche lebten an einem von dichter Vegetation gesäumten Gebirgsbach. Die Lufttemperatur betrug im Januar tagsüber 24°C, die Wassertemperatur lag bei 18°C.

Pflege im Terrarium: *Hyla colymba* läßt sich in mittelgroßen Glasterrarien bei Temperaturen zwischen 18 und 24°C pflegen. Eine hohe Luftfeuchtigkeit von 70% relativer Feuchte am Tag und annähernd 100% während der Nacht ist für das Wohlbefinden der Tiere erforderlich. Da diese Hyliden nachts gern im Wasser sitzen oder von Blättern über dem Wasser rufen, ist ein größerer Wasserteil, am besten in Form eines pumpenbetriebenen „Baches", erforderlich. Als Futter nehmen sie Fliegen, Motten, Wachsraupen und mittelgroße Heimchen an.

Verhalten und Zucht: Zuchtversuche mit *Hyla colymba* sollten im November/Dezember gestartet werden, da in diesen Monaten zumindest bei Tieren aus Westpanama im natürlichen Lebensraum die Laichzeit beginnt. Für Zuchtversuche sollten die Frösche in die bereits beschriebenen Zuchtbecken mit Dauerberegnung eingesetzt werden.

Jungfer (1988) beschreibt den Ruf von *Hyla colymba* als eine Serie von sehr hohen Einzellauten, die an den Klang angestoßener dünner Gläser erinnern. Paarungsbereite Weibchen sind an den großen hellgrünen oder bläulichen Eiern, die durch die Bauchdecke schimmern, gut zu erkennen.

In Westpanama fanden wir die Larven von *Hyla colymba* in einem schnellströmenden, felsigen Gebirgsbach, der in dem von uns untersuchten Bereich keine höheren Wasserpflanzen aufwies. Die Kaulquappen ernähren sich vermutlich von Algen, die sie von Felsen raspeln, während sie sich gleichzeitig mit ihrem trichterförmigen Mund an den Felsen festsaugen, um nicht von der Strömung fortgetrieben zu werden.

Im Aquarium können wir die Larven als Allesfresser mit Algen, Fischfutter und aufgetauten Roten Mückenlarven ernähren. Sie wachsen bis auf eine Länge von knapp 4 cm heran. Frisch verwandelte Fröschchen sind bereits 2,5 cm groß und lassen sich mit vitaminisierten Fruchtfliegen und Wachsmottenraupen aufziehen.

Hyla crepitans (Foto Seite 45)

Beschreibung: Bei *Hyla crepitans* handelt es sich um einen mittelgroßen Laubfrosch. Die Männchen erreichen eine Länge von 5,8 cm, die Weibchen werden einen knappen Zentimeter größer. Die Oberseitenfärbung von *Hyla crepitans* besteht aus einem Gelbbraun, das nur undeutlich von blattförmigen, leicht dunkleren Mustern durchzogen wird. Bei vielen Exemplaren zieht sich ein feiner schwarzer Streifen von der Schnauzenspitze bis in den hinteren Rücken. Bei Lichteinfall zeigen die Frösche ihre gelbe Augeniris. Die Bauchseite ist hellbeige.

Verbreitung und Lebensraum: *Hyla crepitans* kommt in Mittelamerika in den pazifischen Gebieten von Zentralpanama und im Norden Honduras im karibischen Tiefland vor. Die Art bewohnt auch einige Karibikinseln (z. B. Tobago) und besitzt eine weite Verbreitung in Südamerika östlich der Anden. Ihr bevorzugter Lebensraum sind hohe Bäume, wo sie zum Beispiel in den Blattachseln von Bromelien lebt.

Pflege im Terrarium: Aufgrund seiner Lebensweise benötigt *Hyla crepitans* ein hohes Terrarium ab einer Größe von 90×50×50 cm. Die Einrichtung kann aus Philodendron und bepflanzten Bromelienästen bestehen. Ein Wasserteil ist nur während der Fortpflanzungszeit erforderlich. Die Lufttemperatur sollte bei 22 bis 28° C liegen, bei Feuchtigkeitswerten zwischen 70 und 100% (in der Laichzeit). Als Futter nehmen die Frösche große Insekten.

Verhalten und Zucht: Die Zucht von *Hyla crepitans* wird durch kräftige tägliche „Regenschauer" und durch ein Anheben von Luftfeuchtigkeit und Temperatur angeregt. *Hyla crepitans* verfügt über ein interessantes Laichverhalten, da die Männchen für den Nachwuchs Lehmnester bauen. Diese Lehmnester werden am Rand eines kleinen Gewässers angelegt. Die Größe der Nester beschreibt Krintler (1983), der einen Durchmesser von 18 cm und eine Ringwallhöhe von 6 cm angibt. Im Zuchtterrarium ist daher für einen geeigneten Bodengrund zu sorgen, damit *Hyla crepitans* die ihr zusagenden Ablaichmöglichkeiten findet. Bei einer Eizahl von über 600 Stück sollte man sich beizeiten Gedanken machen, an wen ein Teil des Froschsegens abgegeben werden kann.

Die Kaulquappen lassen sich in kleinen Aquarien mit Algen und Zierfisch-Flockenfutter aufziehen. Eine Übervölkerung der Aufzuchtbecken (mehr als 10 Larven pro Liter Wasser) ist zu vermeiden, da sich anderenfalls bei einem Teil der Larven Wachstumsstörungen einstellen. Die Jungfrösche zeigen anfangs eine grüne Färbung, erst mit einem knappen halben Jahr färben sie sich um. Nach einem Dreivierteljahr sind sie mit einer Größe von 5 cm fast ausgewachsen.

Hyla ebraccata
Bromelienlaubfrosch
(Fotos Seite 46)

Beschreibung: Mit einer Länge bis zu 3,7 cm gehört *Hyla ebraccata* zu den kleineren Laubfröschen; die Männchen werden nur knapp 3 cm groß. Die Frösche sind sehr hübsch gefärbt. Ornamentartige dunkelbraune Muster, die häufig die Form einer Sanduhr aufweisen, schmücken ihre gelben oder cremefarbenen Rücken. Es gibt jedoch auch unifarbene oder gepunktete Tiere. Die Bauchseite zeigt sich weiß bis hellgelb. Bis zur Hälfte

Oben: Phyllomedusa hypochondrialis (S. 63). Unten: Paar von Ph. hypochondrialis mit unterschiedlicher Tages- und Nachtfärbung im Amplexus.

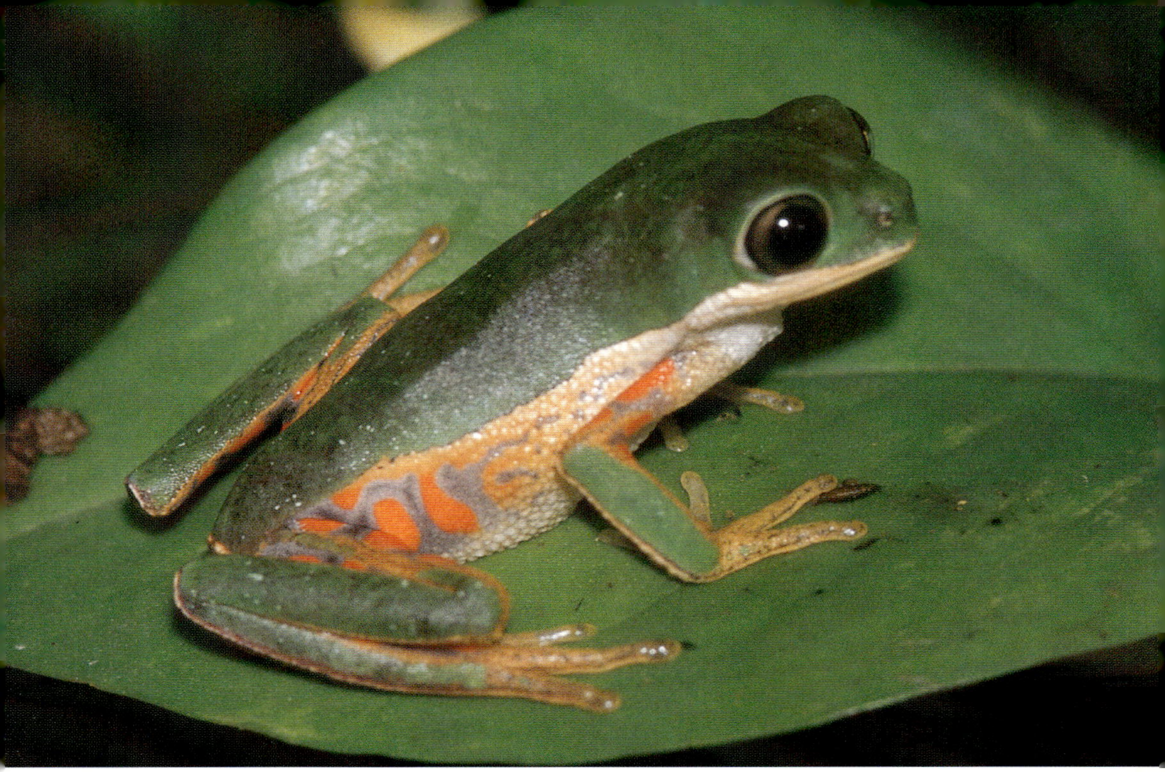

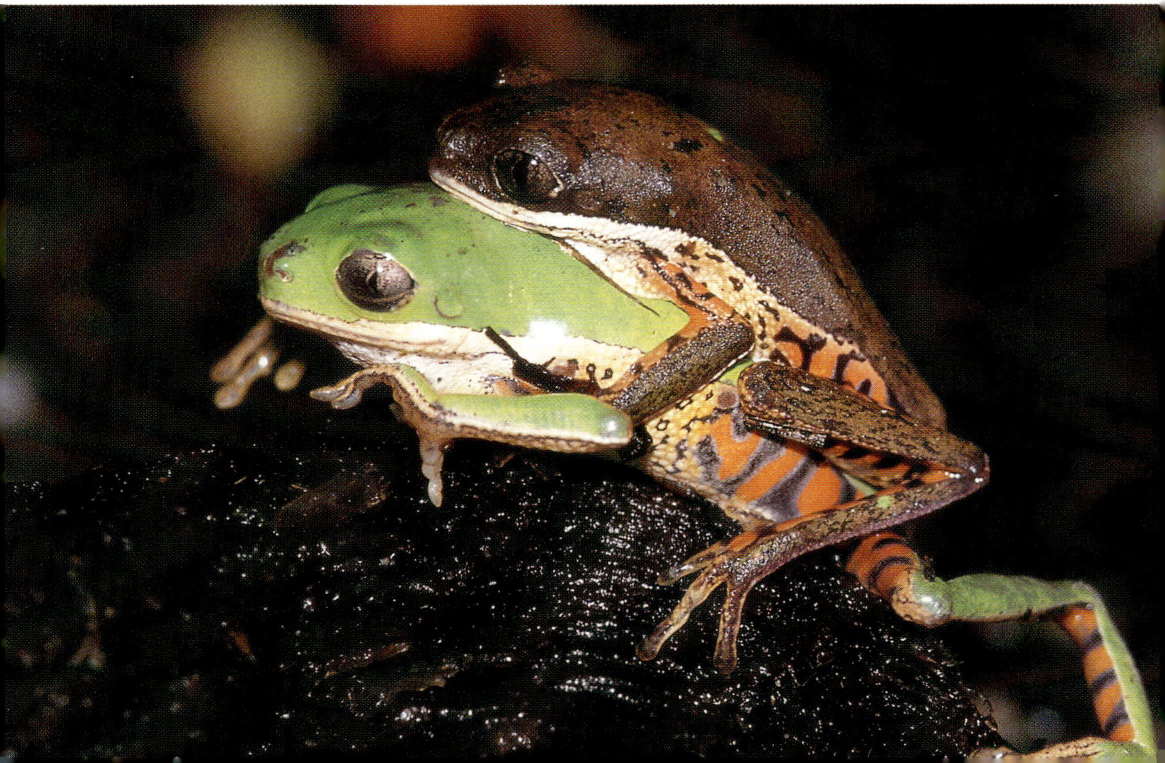

der Zehenzwischenräume sind Spannhäute ausgebildet. Die Männchen besitzen eine gelbe, kehlständige Schallblase.

Verbreitung und Lebensraum: Der Bromelienlaubfrosch lebt in den mittelamerikanischen Ländern Guatemala, Costa Rica, Panama und im Süden von Mexiko. Sein Lebensraum ist der ursprüngliche feuchte Regenwald, wo er an Bäumen in Bromelien und anderen Epiphythen den Tag verbringt.

Pflege im Terrarium: Für die Pflege von Bromelienlaubfröschen reichen kleinere Terrarien in einer Größe von etwa 60×60×40 cm (Höhe × Breite × Tiefe) aus. Die Bepflanzung sollte neben rankenden Gewächsen Bromelien enthalten, da sich die Frösche gern in die wassergefüllten Blatttrichter zurückziehen. Ein größerer, beheizter Wasserteil sorgt neben täglichem Sprühen mit einem Wasserzerstäuber für eine hohe Luftfeuchtigkeit zwischen 80 und 90% relativer Feuchte. Die Lufttemperaturen sollten tagsüber um 27° C liegen, nachts darf es auf 20° C abkühlen. Als Futter reichen

Smilisca phaeota ist ein „schneller Brüter": nur vier Wochen dauert die larvale Entwicklung bis zum Jungfrosch (S. 68).
Oben links: Der Laich treibt als Oberflächenfilm im Wasser.
Oben Mitte: Embryonalentwicklung am zweiten Tag.
Oben rechts: Nach vier Wochen gehen die Larven bereits an Land.
Mitte links: Junger S. phaeota im Alter von 10 Wochen.
Mitte rechts: Smilisca phaeota, Weibchen.
Unten: Smilisca phaeota, rufendes Männchen.

wir Fliegen, Wachsmotten, Heimchen und andere Insekten.

Verhalten und Zucht: Den Tag verbringen die dämmerungs- und nachtaktiven Laubfrösche in Bromelientrichtern oder eng an die Unterseite von Blättern „geklebt". In den Abendstunden wachen sie auf und begeben sich auf Futtersuche. Mit weit offenen Pupillen durchdringen sie die Dunkelheit und orten die eingesetzten Futterinsekten. Mit einem Sprung werden diese erfaßt und dann im ganzen verschluckt.

Zuchtversuche sollten wir dadurch vorbereiten, daß wir die Frösche in den Wintermonaten trockener halten. Im März oder April setzen wir sie dann in ein speziell vorbereitetes Zuchtterrarium ein, das so eingerichtet werden kann, wie ich es bei *Agalychnis callydrias* beschrieben habe. Auf die im Zuchtterrarium eingeleitete „Regenzeit" reagieren die Männchen mit andauernden Rufen. Meistens sitzen sie dabei auf Blättern oberhalb des Wasserteils oder auf Schwimmpflanzen wie zum Beispiel der Muschelblume (Pistia stratiotes). Wenn sich ein paarungsbereites Weibchen nähert, wird dieses vom Männchen sofort ergriffen und in der Achselregion umklammert. Nun suchen die Tiere nach einem geeigneten Platz zum Ablaichen. Das kann ein Bromelienblatt oder auch ein anderes über dem Wasser hängendes Blatt sein. Das Weibchen setzt in mehreren Schüben um die einhundert Eier ab, die vom Männchen sofort befruchtet werden.

Auch hier ist es zu empfehlen, das Blatt mit dem Gelege aus dem Terrarium herauszunehmen und in ein kleines Aufzuchtaquarium zu überführen. Um ein Austrocknen des nur mit wenig Gallerte versehenen Geleges zu vermeiden, sollten wir es am besten so in das Aquarium legen, daß es vom Wasser benetzt wird. Einem Pilzbefall des Geleges können wir durch Zugabe eines Antipilzmittels (Tetra Fungi Stop) vorbeugen.

Nach etwa fünf Tagen schlüpfen die Larven. Wir füttern sie anfangs mit Algen und Staubfutter, später nehmen die Larven überwiegend tierische Kost wie Tubifex, Daphnien und Rinderherz an. Angaben über eine erfolgreiche Aufzucht finden wir bei E. Zimmermann (1983).

Hyla phlebodes (Foto Seite 18)

Beschreibung: *Hyla phlebodes* ist ein sehr kleiner Laubfrosch: Die Weibchen erreichen eine Länge von 2,7 cm, die Männchen bleiben mit 2,3 cm deutlich kleiner. Populär könnte man diesen kleinen Laubfrosch „Venen-Laubfrosch" nennen, da er auf seinem braungelben Rücken und den Beinen eine Anordnung von dunklen Linien zeigt, die an ein weitverzweigtes Blutgefäßsystem erinnert. Die Flanken sind gelb gefärbt, der Bauch weiß. Die Pupillen stehen waagrecht, bemerkenswerterweise kann sich die Farbe der Iris von Bronze bis Silbergrau verändern.

Verbreitung und Lebensraum: *Hyla phlebodes* besitzt nach Duellman (1970) eine weite Verbreitung in Mittelamerika. Die Art kommt an der gesamten Karibikseite vom Südosten Nicaraguas an über Costa Rica bis zur Kanalzone Panamas vor.

Darüberhinaus lebt *Hyla phlebodes* in Panama auch an der Pazifikseite, zum Beispiel in El Valle und in der Cerro La Campana. Im Süden erreicht die Art die pazifischen Tieflandgebiete von Kolumbien. Die abgebildeten Tiere fanden wir in Panama am Golf von Chiriqui.

Pflege im Terrarium: Für die kleinen Laubfrösche ist eine Terrariengröße von etwa 60×40×40 cm ausreichend. Die Lufttemperatur sollte tagsüber um 27° C liegen und nachts auf etwa 22° C zurückgehen. Durch Beheizen des Wasserteils und tägliches Sprühen erreichen wir eine hohe Luftfeuchtigkeit von 80 bis 90% relativer Feuchte. Als Futter nehmen die Frösche Kleininsekten bis zur Stubenfliegengröße.

Verhalten und Zucht: Die Laichzeit liegt in Panama im Januar. Die Frösche laichen in sumpfigen Wiesen ab, rufende Männchen fanden wir in Gräsern und Zweigen. Weitere Angaben zum Biotop und zur Zucht habe ich vorstehend („Beobachtungen in Panama") gemacht.

Hyla uranochroa (Foto Seite 46)

Beschreibung: Mit einer Länge von knapp 4 cm ist *Hyla uranochroa* ein mittelgroßer Laubfrosch; die Männchen bleiben mit 3,7 cm kleiner. Die Frösche besitzen einen kurzen Kopf und große Augen mit einer orangeroten Iris. Sie sind hübsch oliv bis blaugrün gefärbt, ein weißes Seitenband trennt die grüne Färbung der Oberseite von der gelben Bauchseite. Mit ihren großen roten Augen und dem grünen Rücken erinnern sie an *Agalychnis*.

Verbreitung und Lebensraum: Nach Duellman (1970) bewohnt *Hyla uranochroa* feuchte Bergwälder in Costa Rica und Westpanama in Höhen zwischen 600 und 1720 m. Das abgebildete Tier stammt aus einem Gebirgsbach in etwa 1400 m Höhe oberhalb des Golfs von Chiriqui (Westpanama).

Pflege im Terrarium: Die bedächtigen Laubfrösche pflegen wir in mittelgroßen Terrarien, die dicht bepflanzt sein sollten. Bei einer hohen Luftfeuchtigkeit um 90% relativer Feuchte sollten die Temperaturen um 24° C am Tag und um 18° C in der Nacht liegen. Als Futter nehmen die Frösche Insekten bis zur Fliegengröße, aufgrund ihrer Bedächtigkeit sollten wir auch langsame Wachsmottenraupen verfüttern.

Verhalten und Zucht: Die Laichzeit soll nach Duellman im Mai und Juni liegen. Wir fanden am beschriebenen Fundort in Westpanama im Januar Kaulquappen, die in strömungsreichen Zonen des Gebirgsbachs ruhig am Boden lagen. Die Larven ließen sich ausschließlich mit Algen, die sie mit ihrem Trichtermaul von Steinen abraspelten, ernähren und wandelten sich nach etwa sechs Wochen zu Jungfröschen um. Die Aufzucht erfolgte in einem kleinen Terrarium bei reichlicher Fütterung mit angereicherten großen Drosophila (Einstäuben mit Osspulvit).

Ololygon elaeochroa (Foto Seite 18)

Beschreibung: Bei *Ololygon elaeochroa* handelt es sich um einen kleinen Laubfrosch, der je nach Vorkommen braungelb bis goldgelb gefärbt ist. Neben unifarbenen Tieren gibt es auch gestreifte Exemplare, die sich durch unregelmäßige, teilweise unterbrochene Längsstreifen auf dem Rücken und den Gliedmaßen auszeichnen. Die Männchen erreichen knapp 3 cm Länge, Weibchen werden bis zu 3,7 cm groß.

Duellman (1970) bezeichnete die Art noch als *Hyla eleaochroa*. Fouquette und Delahoussaye revalidierten 1977 den alten Gattungsnamen *Ololygon* und stellten vor allem die *Hyla rubra*-Gruppe in diese Gattung, die derzeit etwa 50 Arten umfaßt. Jungfer (1987) bezeichnet die Gattung *Ololygon* als „Knickzehenlaubfrösche", da die erste Zehe nicht durch eine Spannhaut oder einen Saum mit der zweiten verbunden ist und deswegen umgeknickt werden kann, was bei einem Kopfuntensitzen einen besseren Halt ermöglicht.

Verbreitung und Lebensraum: Nach Duellman (1970) lebt *Ololygon elaeochroa* in den feuchten karibischen Tieflandgebieten im östlichen Nicaragua, in Westpanama und im südöstlichen Costa Rica. Wir fanden die Laubfrösche im Golf von Chiriqui (Panama), wo sie sich während der Laichzeit Anfang Januar in großen Mengen in einer sumpfigen Wiese eingefunden hatten. Die Männchen riefen aus niedrigen Büschen entlang eines kleinen Tümpels.

Pflege im Terrarium: Die Pflege von *Ololygon elaeochroa* erfolgt in ähnlicher Weise wie die von *Hyla phlebodes*, da beide Arten gemeinsam vorkommen und dieselben Ansprüche stellen.

Verhalten und Zucht: Durch intensives

Beregnen und durch Anheben der Wassertemperatur auf etwa 28° C lassen sich die Frösche in Fortpflanzungsstimmung bringen. Der Laich, der aus mehreren hundert Eiern besteht, wird im flachen Wasser zwischen Pflanzen abgesetzt. Die Larven lassen sich mit Algen und Flockenfutter ernähren und erreichen je nach Wassertemperatur in 7 bis 10 Wochen die Metamorphose.

Osteopilus septentrionalis
Kuba-Laubfrosch (Foto Seite 46)

Beschreibung: Früher zur Gattung *Hyla* gestellt, steht der Kuba-Laubfrosch heute in der Gattung *Osteopilus*, die nur 3 Arten umfaßt. Die beiden anderen Arten, *Osteopilus brunneus* von Jamaica und *Osteopilus dominicensis* von Hispaniola sind terraristisch weniger bekannt. Bei *Osteopilus septentrionalis* handelt es sich um einen sehr großen Laubfrosch. Die kräftig gebauten Tiere erreichen bei den Weibchen eine Länge bis zu 12 cm, die Männchen bleiben mit 8 cm deutlich kleiner. Die Färbung ist je nach Vorkommen variabel. Auf der Isla de la Juventud (Kuba) zeigen sich die Weibchen einheitlich hellbraun, während die Männchen mit dunkelbraunen Punkten auf dem hellbraunen Rücken und einer dunklen Querbänderung auf den Gliedmaßen kontrastreicher gefärbt sind. Tiere aus anderen Regionen können oberseits grün oder auch grau aussehen.

Vor allem bei den Weibchen fallen mehrere Reihen warziger Erhebungen in der Rückenhaut auf. Die Bauchseite ist weiß, die Flanken können im hinteren Bereich gelb gefärbt sein. Auffällige schwarze Striche zu beiden Seiten der Pupillen lassen die Augen wie mit einem schwarzen Balken durchzogen erscheinen.

Verbreitung und Lebensraum: Der Kuba-Laubfrosch besitzt eine deutlich weitere Verbreitung als seine beiden Gattungsverwandten. Neben Kuba besiedelt er eine Reihe weiterer karibischer Inseln, die südliche Ostküste Floridas und den Küstenbereich von Mittelamerika. In seinem Lebensraum ist er teilweise zu einem Kulturfolger geworden. So fand ich die Kuba-Laubfrösche auf der Isla de la Juventud auch in den Dächern und in den Fensternischen der Bungalows, die allerdings von reichhaltiger Vegetation umgeben waren. Dichtstehende Büsche und Bäume am Rande von Gewässern oder sumpfigen Wiesen dürften dem Kuba-Laubfrosch als Lebensraum am meisten zusagen, wenngleich er aufgrund seiner Anpassungsfähigkeit auch mit weniger geeigneten Biotopen vorlieb nimmt.

Pflege im Terrarium: Für die großen Kuba-Laubfrösche benötigen wir geräumige Terrarien, die mindestens eine Höhe von einem Meter besitzen sollten. Als Einrichtung eignet sich ein Philodendron, dessen Blattstiele und Luftwurzeln gern zum Klettern benutzt werden. Größere Terrarien können wir zusätzlich mit Korkrindenröhren oder Moorkinwurzeln ausstatten, die sich gut mit Bromelien und Tilandsien bepflanzen lassen. Die Lufttemperatur sollte bei einer Luftfeuchtigkeit von 70 bis 90% um 30° C am Tag und um 24° C in der Nacht liegen. Als Futter nehmen die Frösche große Insekten wie Mittelmeergrillen oder Wanderheuschrecken an, gelegentlich auch eine junge, noch unbehaarte Maus. Bei der Vergesellschaftung ist darauf zu achten daß der Kuba-Laubfrosch kleinere Frösche frißt und auch vor Kannibalismus nicht zurückschreckt.

Verhalten und Zucht: Die Zucht von *Osteopilus septentrionalis* ist bereits mehrmals gelungen. Geissler (1986) berichtet, daß seine Frösche in Paarungsstimmung kamen, nachdem er sie drei Wochen lang in einem Behälter mit 5 cm Wasserstand bei Temperaturen von 10 bis 15° C hielt. Als die Tiere dann langsam wieder erwärmt wurden, bildete das Männchen Brunftschwielen aus. Drei Wochen nach dem Einsetzen in ein Zuchtterrarium, in dem die Luftfeuchtigkeit auf 100% relativer Feuchte erhöht wurde, laichten die Frösche im großen Wasserbecken (50×30×30 cm, 10 cm Wassertiefe) ab.

Der Laich wurde als Oberflächenfilm über die gesamte Wasserfläche verteilt und bestand aus etwa 1500 Eiern. Bereits 3 Tage nach der Eiablage schlüpften die winzigen Larven und hefteten sich an die Wasserpflanzen und Aquarienscheiben. Bei Wassertemperaturen von 25 bis 30° C entwickelten die Kaulquappen nach vier Wochen die Hinterbeine, und die ersten Jungfrösche gingen bereits nach 42 Tagen an Land. Nach der Rückbildung des Schwanzstummels waren sie 12 bis 18 mm groß.

Geissler fütterte die Larven mit Mekorna (Instant-Kindernahrung), Magerquark, zerriebener Leber und geschabtem Fleisch. Er berichtet, daß die Larven bei Temperaturen unter 20° C die Nahrungsaufnahme einstellen.

Angesichts der enormen Jungfroschmengen sollten wir uns sehr früh überlegen, wie wir den Froschsegen satt bekommen wollen. Zunächst dürfte eine starke Erweiterung unserer Drosophilazucht uns für einige Wochen über die Runden retten, doch die kleinen Fröschchen wachsen recht schnell heran und benötigen dann größere Futterinsekten. Der größte Teil der Nachzucht sollte daher rechtzeitig, am besten noch als Kaulquappe, an andere Terrarianer abgegeben werden, damit die erfolgreiche Nachzucht nicht zu einem unlösbaren Versorgungsproblem wird.

Pachymedusa dacnicolor
Gespenstfrosch

Beschreibung: Die Gattung *Pachymedusa* besteht nur aus der einen Art, *Pachymedusa dacnicolor*. Bei seiner Entdeckung wurde der Gespenstfrosch der Gattung *Phyllomedusa* zugeordnet, später der Gattung *Agalychnis*. Duellman stellte 1968 für den Gespenstfrosch eine eigene Gattung, nämlich *Pachymedusa* auf. Damit bildet *Pachymedusa dacnicolor* die kleinste Gattung der Phyllomedusinae (Greiffrösche).

Pachymedusa dacnicolor gehört zu den Riesen unter den Greiffröschen. Die Weibchen können eine Länge von über 10 cm erreichen, die Männchen bleiben mit etwa 7 cm deutlich kleiner. Die Geschlechter lassen sich an der Kopfform unterscheiden: Der Kopf der Weibchen wirkt in der Seitenansicht stumpfer und höher als der der Männchen. Auf dem Rücken und den Oberseiten von Armen und Beinen zeigt sich der Gespenstfrosch blattgrün mit einigen eingelagerten hellen kreisrunden Flecken, die auch an den Flanken zu sehen sind.

Die Bauchseite ist schmutzigweiß gefärbt, die Oberarme und die Innenseiten der Hinterbeine sowie die Füße erscheinen blaßrosa. Die Augeniris ist auffällig schwarz-gold gemustert. Insgesamt wirken die Tiere kompakt und kräftig.

Verbreitung und Lebensraum: Nach Duellman (1970) bewohnt *Pachymedusa dacnicolor* in Mexico die pazifischen Tieflandgebiete und die mäßig hohen Berghänge bis zu 1000 m Höhe vom südlichen Sonora bis zum Isthmus von Tehuantepec und dem Balsas-Becken. Klimatisch handelt es sich um ein Gebiet mit stark verlängerten Trockenzeiten, nur während der Regenzeit von Juni bis Oktober kommt es zu starken Regenfällen. *Pachymedusa dacnicolor* ist das ganze Jahr über – also auch in der Trockenzeit – aktiv.

Pflege im Terrarium: Aufgrund seiner Größe benötigt der Gespenstfrosch geräumige Terrarien von mindestens 90×50×50 cm (Höhe × Breite × Tiefe). Die Einrichtung kann aus kräftigen Pflanzen wie Philodendron und Kletterästen bestehen. Wenn ein kleines Wasserbecken vorhanden ist, reicht es aus, das Terrarium zweimal in der Woche zu übersprühen. Bei mäßiger Luftfeuchtigkeit von 50 bis 60% relativer Feuchte und bei Temperaturen zwischen 20° C in der Nacht und 26° C tagsüber fühlen sich die Frösche wohl.

Verhalten und Zucht: Durch das Einsetzen in ein Zuchtterrarium, in dem durch Auffüllen des Wasserteils und häufiges Sprühen bzw. durch eine Dauerberegnung (vgl. hierzu Zuchthinweis bei *Agalychnis callydrias*) eine Regenzeit imitiert wird, lassen sich die Frösche in Fortpflanzungsstimmung bringen. Spörle (1982) berichtet von einer erfolgreichen Nachzucht. Sein Paar verbrachte drei Tage im Amplexus, bevor es in den frühen Morgenstunden zur Laichabgabe kam. Die Eier wurden vom Weibchen in mehreren Klumpen an Pflanzen, die sich über der Wasserstelle befanden, angeheftet. Ein Gelege kann bis zu 1000 Eier umfassen.

Spörle zeitigte die Eier, die teils an den Pflanzen belassen und teils in Petrischälchen überführt wurden, in einem abgedeckten Plastikaquarium mit 5 cm Wasserstand und einem Ausströmer. Die Eier wurden mit einer Salufit-Lösung besprüht, um ein Verpilzen zu verhindern. Bei konstant 23° C Wassertemperatur verließen die Larven teilweise selbständig, teilweise unterstützt durch gezieltes Ansprühen nach 7 bis 9 Tagen die Eihüllen. Nach dem Verteilen auf verschiedene Aufzuchtbecken wuchsen die Kaulquappen bei Fütterung mit Liquifry, Tabi-Min, Tetra-Phyll und überbrühtem Kopfsalat schnell heran. Die Larven sind empfindlich gegen Wasserverschmutzung und Überbesetzung, so daß das Wasser in den Aufzuchtbecken gefiltert und regelmäßig ausgetauscht werden muß. Nach etwa 60 Tagen haben die Larven ihre Metamorphose abgeschlossen. Die dann 22 mm großen Jungfrösche sind anfällig für bakterielle Infektionen. Spörle verlor einen großen Teil der Nachzucht in dieser kritischen Phase.

Ist eine bakterielle Infektion, die vermutlich von Pseudomonas-Erregern verursacht wird, erst einmal ausgebrochen, kommt meist jede Hilfe zu spät. Diese leidvolle Erfahrung habe ich zum Beispiel bei meinen Nachzuchten von *Smilisca phaeota* gemacht. Größere Jungfroschmengen lassen sich nur dann erfolgreich aufziehen, wenn man sich mit jedem einzelnen Frosch Mühe gibt. Beim Zusammenpferchen von 50 und mehr Jungfröschen in 30-Liter-Aquarien sind Totalverluste programmiert. Nur in sauberen Aufzuchtterrarien mit geringer Besetzung haben die Fröschchen bei guter Versorgung mit vitaminisierten Futtertieren (Vitamine, Mineralstoffe) die Chance, groß zu werden. Bei hunderten von Jungfröschen ist der Liebhaber in der Regel überfordert. Ein großer Teil der Nachzucht sollte daher rechtzeitig an andere Terrarianer abgegeben werden.

Phyllomedusa hypochondrialis
Greiffrosch (Fotos Seite 55)

Greiffrösche oder Makifrösche der Gattung *Phyllomedusa* kommen mit etwa 40 Arten in Mittel- und Südamerika vor. In ihrem Verhalten gleichen sie den Angehörigen der Gattung *Agalychnis*: Sie bewegen sich ebenso bedächtig und klettern schleichend durch die Vegetation, indem sie Blattstiele und Zweige umgreifen. An ihren Greiffüßen ist die erste Zehe jedoch länger als die zweite, wodurch sie sich von den *Agalychnis* unterscheiden, bei denen es sich umgekehrt verhält.

Beide Gattungen lassen sich von den übrigen mittel- und südamerikanischen Hyliden durch ihre senkrecht stehenden Pupillen unterscheiden.

Beschreibung: Der leuchtendgrüne Rücken dieses hübschen Greiffrosches ist deutlich von der cremeweißen Unterseite abgesetzt. An den Flanken zeigen die Frösche auf hellgelbem Grund eine dunkle Bänderzeichnung. Die Innenseiten der Beine sowie die Flanken im Bereich der Hinterbeine prangen in einem kräftigen Orange mit dunklen, manchmal blauvioletten Querstreifen. Erstaunlich ist das Farbwechselvermögen: Die grüne Tagfärbung kann in wenigen Minuten der schokoladenbraunen Nachtfärbung weichen. Die Weibchen erreichen eine Länge von 5 cm, die Männchen bleiben kleiner.

Verbreitung und Lebensraum: *Phyllomedusa hypochondrialis* leben in den feuchten Niederungen der Regenwälder von Brasilien und Surinam. Dort kommen sie in der Feuchtvegetation am Rand von kleinen stehenden Gewässern vor.

Pflege im Terrarium: Wir pflegen die Greiffrösche in einem Regenwaldterrarium bei Temperaturen um 27° C tagsüber und um 22° C in der Nacht. Die Luftfeuchtigkeit muß zwischen 80 und 100% relativer Feuchte liegen. Da die Greiffrösche langsame und bedächtige Tiere sind, sollten wir sie nicht mit lebhaften Laubfröschen vergesellschaften.

Verhalten und Zucht: Krintler (1984) beschreibt die erfolgreiche Zucht der Frösche. Er simulierte in seinem Terrarium, das mit einem Weibchen und zwei Männchen besetzt war, eine Trockenzeit durch

Ablassen des Wasserteils bis auf einen Reststand von einem Zentimeter. Gleichzeitig reduzierte er das vorher tägliche Besprühen des Terrariums auf einmal pro Woche. Die Futtergaben wurden jetzt ebenfalls nur noch wöchentlich gereicht.

Nach etwa drei Monaten trockenerer Haltung leitet Krintler dann die Regenzeit ein. Durch eine Schaltautomatik ließ er es von 12 bis 13 Uhr und von 23 bis 1 Uhr „regnen". Schon am zweiten Tag nach Beginn der Regenperiode reagierten die Männchen mit lauten „klock"-Rufen. Da sich die beiden Männchen bei Paarungsversuchen gegenseitig behinderten, entfernte Krintler ein Männchen aus dem Terrarium. Etwa drei Wochen nach Beginn der Regenzeit laichten die Frösche in den frühen Morgenstunden ab. Sie setzten ihr Gelege an einem Scindapsusblatt ab und klebten das Blatt schließlich tütenförmig um das Gelege. Nach neun Tagen schlüpften die ersten Kaulquappen und fielen in den Wasserteil. Aus den 49 Eiern des Geleges schlüpften 43 Larven.

Die Aufzucht der Larven gelang mit fein zerriebenem Zierfischfutter, das die Larven von der Wasseroberfläche aufnahmen. Später nahmen die Kaulquappen gern Futtertabletten (Tetra FD-Tips), die Krintler knapp unter die Wasseroberfläche an die Glasscheibe klebte.

70 Tage nach der Eiablage hatte das erste Jungtier seine Metamorphose abgeschlossen und ging an Land. Insgesamt erhielt Krintler 21 Jungfrösche, die er mit vitaminisierten großen Drosophila aufzog. Leider erlagen alle Jungfrösche im Alter von zwei bis sieben Wochen bakteriellen Infektionen.

Phyllomedusa bicolor
Riesen-Greiffrosch
(Fotos Seite 17 u. 18)

Beschreibung: Bei *Phyllomedusa bicolor* handelt es sich um den Riesen unter den Greiffröschen. Mit einer Länge von 12 cm bei den Männchen und 15 cm bei den Weibchen könnte der Riesen-Greiffrosch der größte Laubfrosch überhaupt sein. Mein männliches Tier wiegt 120 g und erreicht mit ausgestreckten Hinterbeinen eine Länge von etwa 22 cm.

Phyllomedusa bicolor ist oberseits blattgrün gefärbt, einschließlich der Gliedmaßen und der Oberseite der großen Haftzehen. Ein nächtlicher Farbwechsel findet nicht statt. Vornehmlich im Schenkelbereich zeigen die Frösche gelb- bis orangefarbene Flanken mit einem schwarzen Kritzelmuster. Auffällige weiße, schwarz eingerahmte, Punkte und Flecken säumen den Übergang von der grünen Oberseite zur Flankenfärbung. Der dottergelbe Bauch erscheint leicht gekörnt, die Kehle der Männchen ist weiß. Hinter den Augen befinden sich wulstige Ohrdrüsen (Paratoiden).

Verbreitung und Lebensraum: Der Riesen-Greiffrosch lebt in den tiefgelegenen Regenwäldern von Südamerika. Er ist ein baumlebendes Tier, das nur selten zum Erdboden herabsteigt. Mein Exemplar verdanke ich Herrn Matthias Schmidt, der es aus Französisch-Guayana mitbrachte. Matthias Schmidt fand den Frosch nachts im Regenwald an einem

Baum in etwa 3 m Höhe. Der Fundort liegt zwischen Cayenne und Regina.

Pflege im Terrarium: Die Frösche benötigen sehr große Terrarien, die wir mit stabilen Philodendren einrichten. An den Luftwurzeln der Pflanzen klettern die Tiere gern nach oben. Der Boden des Terrariums sollte aus einem durchgehenden Wasserteil bestehen. Die Frösche verbringen den Tag sitzend auf Ästen oder im Blattwerk, nachts klettern sie aktiv umher. Als Futter nehmen sie große Insekten, Tauwürmer und auch kleinere Frösche an. Die übrigen Pflegebedingungen entsprechen denen der vorgenannten Arten; über eine Zucht im Terrarium ist nichts bekannt. Mein Riesengreiffrosch lebt bei mir nun seit über 5 Jahren, so daß die Art bei guten Pflegebedingungen langlebig ist.

Phyllomedusa lemur
Lemuren-Greiffrosch
(Fotos Seite 73)

Beschreibung: Der Lemurenfrosch gehört mit einer Länge von 5,5 cm zu den mittelgroßen Greiffröschen; die Männchen bleiben fast einen Zentimeter kleiner. Wie *P. hypochondrialis* ist er ein „Verwandlungskünstler": tagsüber grasgrün mit gelber Seitenfärbung, präsentiert er sich nachts mit schokoladenbrauner Oberseite, wobei ihm seine weiße, schwarzumrandete Iris ein besonders „gespensthaftes" Aussehen verleiht.

Verbreitung und Lebensraum: *Phyllomedusa lemur* bewohnt nach Duellman (1970) Regenwälder an der Atlantikseite von Costa Rica und Westpanama in Hö-

hen zwischen 650 und 1600 m. Darüberhinaus lebt die Art in Panama auch an den zum Pazifik gelegenen Berghängen der Cerro La Campana und der Cerro Mali. Im Verbreitungsgebiet des Lemuren-Greiffrosches fallen das ganze Jahr über ergiebige Niederschläge. Die Frösche sind daher ganzjährig aktiv. Dennoch scheint die Fortpflanzungzeit in die Monate April bis Juli zu fallen.

Pflege im Terrarium: Die Pflege von *Phyllomedusa lemur* im Regenwaldterrarium verläuft ähnlich wie bei *P. hypochondrialis*. Die Temperatur sollte jedoch mit 25° C am Tag und 20° C in der Nacht niedriger liegen.

Verhalten und Zucht: Meine Tiere laichten ab, nachdem ich sie in ein Zuchtterrarium mit Beregnung eingesetzt hatte. Leider erwies sich das Gelege als unbefruchtet. Schulte (1977) berichtet von ähnlichen Problemen. Bei ihm laichten die Tiere ebenfalls ab, doch waren die Gelege zum großen Teil unbefruchtet, der andere Teil verpilzte. Schulte führte das darauf zurück, daß die Männchen unter Terrarienbedingungen möglicherweise zu wenig Sperma entwickeln. Die Frösche laichten in den frühen Morgenstunden ab; ein Gelege umfaßt 15 bis 30 Eier. Die Paarung verläuft ähnlich wie bei *P. hypochondrialis*.

Phyllomedusa marginata
Makifrosch

Beschreibung: Bei *Phyllomedusa marginata* handelt es sich um einen kleinen Makifrosch, der mit einer Länge von 32 mm bei den Männchen und 36 mm bei den Weibchen ausgewachsen ist. Die Frösche sind oberseits hübsch blattgrün gefärbt, die beigebraunen Seiten und unteren Partien des Kopfes setzen sich in einer hellen Linie scharf von der Oberseitenfärbung ab. An den Seiten befinden sich viele dunkle Farbzellen, die die Flankenfärbung auch zu einem dunklen Braun verändern können.

Die beim ruhenden Tier verdeckt liegenden Beinteile zeigen eine orangerote Färbung. Durch die in Form eines Dreiecks auf die Schnauzenspitze zulaufende Oberseitenfärbung entsteht der Eindruck einer Gesichtsmaske. Die großen Augen werden durch eine gelbe Iris auffällig betont. Als weiteres Merkmal besitzt die Art spitz auslaufende Hautzipfel auf den Fersen. Der Bauch ist weiß und leicht gekörnt.

Verbreitung und Lebensraum: Nach Weygoldt (1985) ist *Phyllomedusa marginata* nur aus den Bergwäldern im brasilianischen Bundesstaat Espirito Santo bekannt. In diesen Wäldern lebt der Makifrosch in Höhen zwischen 600 bis 800 m über NN in den mit Flechten bewachsenen Bäumen, vor allem in den auf den Bäumen siedelnden Bromelien. Denselben Lebensraum bewohnen auch die Makifrösche *Phyllomedusa rhodei* und *Phyllomedusa exilis*.

Die Männchen sammeln sich zu Beginn der Regenzeit im Oktober an kleinen Tümpeln und toten Bacharmen, die nur temporär Wasser führen. Die Temperatur sinkt in der Regenzeit auf 15°C.

Pflege im Terrarium: Für die kleinen Makifrösche reichen Terrarien in einer Größe von 60×40×40 cm aus. Eine reichhaltige Bepflanzung, die aus Ficus, Scindapsus und verschiedenen Bromelien bestehen kann, vermittelt den Eindruck eines Ausschnittes aus dem Regenwald. Bei Temperaturen von 18 bis 20°C in der Nacht und bis zu 25°C tagsüber fühlen sich die Frösche wohl. Die Luftfeuchtigkeit sollte durch tägliches Übersprühen Werte zwischen 70 bis 90% relativer Feuchte erreichen. Trotz der hohen Luftfeuchtigkeit darf keine Stickluft entstehen, gegen die die Frösche empfindlich sind. Die Tiere verbringen den Tag schlafend auf den Blättern und werden erst nach Einbruch der Dämmerung aktiv.

Verhalten und Zucht: Bei *Phyllomedusa marginata* können wir die Fortpflanzung durch das „Simulieren" einer „Regenzeit" einleiten, wie ich es beim Rotaugenlaubfrosch (*Agalychnis callydrias*) beschrieben habe. Die Männchen reagieren auf die Beregnung, indem sie ihre Paarungsbereitschaft durch intensives Rufen anzeigen. Beim Anblick eines Weibchens versuchen sie, dieses sofort zu klammern. Die Eiablage erfolgt in der Regel schon nach wenigen Tagen. Anderenfalls war das Weibchen nicht paarungsbereit, und wir sollten den Zuchtversuch abbrechen.

Weygoldt (1985) beschreibt, daß die Eier nicht in Blätter eingewickelt werden, wie das bei Makifröschen normalerweise der Fall ist. *Phyllomedusa marginata* versteckt seine 30 bis 45 blaugefärbten Eier dagegen in Höhlen und Rindennischen oder unter Kokosnußschalen. Die Weibchen sind recht produktiv und können während der Fortpflanzungszeit alle 5 bis 6 Wochen ein Gelege absetzen.

Die Gelege zeitigen wir in kleinen Plastikdosen auf nassen Schaumstoffstreifen. Die Eier sollten auch von unten belüftet werden, damit die Embryonen nicht absterben. Zur Pilzverhütung sollten die Eier mit Tetra-Fungi Stop übersprüht werden. Die Larven schlüpfen nach etwa 14 Tagen. Wir überführen sie in ein Aquarium mit wenigen Zentimeter Wasserstand. Bei Wassertemperaturen um 22° C dauert die Entwicklung bis zum Jungfrosch 50 bis 60 Tage. Die Kaulquappen lassen sich als Allesfresser mit Salat, Brennesselpulver, TetraMin und anderem ernähren. Die Jungfrösche erhalten zunächst vitaminisierte Fruchtfliegen und kleine Wachsmottenraupen, später größere Insekten.

Phyllomedusa tomopterna
Makifrosch

Beschreibung: *Phyllomedusa tomopterna* gehört mit einer Größe von 55 mm bei den Männchen und 65 mm bei den Weibchen zu den mittelgroßen Arten. Die Frösche sind auf dem Rücken blattgrün gefärbt, während die Flanken, die Füße und die Beininnenseiten mit ihrem kräftigen Gelborange und der schwarzen Querbänderung im auffälligen Kontrast zur ruhigen Oberseitenfärbung stehen. Diese bunten Körperteile sind in der Ruhestellung der Frösche verdeckt. Der Bauch ist gelb und wirkt leicht gekörnt. Die Augeniris erscheint silbergrau.

Verbreitung und Lebensraum: *Phyllomedusa tomopterna* sind in Brasilien und den angrenzenden Staaten nördlich des Amazonas beheimatet. Sie leben als spezialisierte Baumbewohner in den Kronen der Urwaldbäume und steigen nur zur Fortpflanzung von den Bäumen herab, um an temporären Kleingewässern auf die paarungswilligen Weibchen zu warten.

Pflege im Terrarium: Ein Terrarium für diese Phyllomedusa sollte in der Höhe großzügig bemessen sein (ab 80 cm) und vor allem über ausreichende Belüftungsmöglichkeiten verfügen. Weygoldt (1981) weist darauf hin, daß es bei unzureichender Belüftung – auch bei der Aufzucht von Jungfröschen – schnell zu Verlusten kommt.

Die Lufttemperaturen sollten tagsüber zwischen 26 und 30° C liegen, nachts kann es auf etwa 20° C abkühlen. Im oberen Terrarienbereich darf es tagsüber relativ trocken werden, doch gegen Abend ist die Luftfeuchtigkeit durch Übersprühen des Terrariums wieder auf 80 bis 90% relativer Feuchte anzuheben. Das entspricht den natürlichen Klimadaten im Regenwald, wo es in der Nacht durch aufsteigenden Nebel auch in den Baumwipfeln wieder feucht wird.

Verhalten und Zucht: Auch bei *Phyllomedusa tomopterna* läßt sich die Fortpflanzung durch das Simulieren einer Regenzeit einleiten. Durch den Wechsel von der mäßig feuchten Haltung zur Dauerberegnung wird wie in der Natur die Eireifung bei den Weibchen veranlaßt. Die Simulation der Regenzeit erfolgt in speziell für diesen Zweck eingerichteten Zuchtterrarien, deren Boden mit Wasser gefüllt ist. Über einen Motoraußenfilter wird das Wasser aus dem Wasserteil hochgedrückt und über ein perforiertes Rohr als „Regen" in das Terrarium zurückgeführt. Das Wasser wird mit einem – häufig schon im Filter integrierten – Thermostatheizer auf ca. 28°C erwärmt, damit eine feuchtigkeitsgesättigte Luft entsteht. Als einzige Einrichtung enthalten die Zuchtterrarien einen Philodendron, der den Fröschen mit seinen Blättern und Luftwurzeln Kletter- und Ablaichmöglichkeiten bietet.

Nach dem Einsetzen in das Zuchtterrarium machen die Männchen häufig schon in der ersten Nacht mit lauten Paarungsrufen auf sich aufmerksam. Sie klammern die in der Nähe befindlichen Artgenossen und erkennen erst an deren Verhalten, ob sie „richtig liegen". Geklammerte Männchen stoßen „Protestlaute" aus, woraufhin sie wieder freigegeben werden.

Ein Paar bleibt in der Regel zwei bis vier Tage und Nächte zusammen, bis das Gelege an einem geeigneten Blatt abgesetzt wird. Das Blatt wird dabei tütenförmig um die Eier herumgezogen und verklebt. Ein Gelege enthält etwa 50 bis 80 Eier. Je nach Temperatur schlüpfen die anfangs 16 mm großen Larven nach 10 bis 14 Tagen.

Bei den Kaulquappen von *Phyllomedusa tomopterna* handelt es sich nicht um Trichtermundlarven wie bei einigen anderen Makifröschen, sondern um „normale" Quappen, die ihr Futter sowohl von der Wasseroberfläche als auch vom Boden aufnehmen können. Sie lassen sich mit Brennesselpulver, Algen, Salat und Zierfischfutter aufziehen.

Weygoldt (1981) gibt für die Entwicklung bis zur Metamorphose 60 Tage an. Kurz vor der Umwandlung sind die Quappen 65 mm groß. Die Aufzucht der Jungfrösche gelingt mit vitaminisierten Fliegen, Motten, Heimchen und anderen Insekten. Nach einem Jahr erreichen die Frösche die Geschlechtsreife.

Smilisca phaeota (Fotos Seite 56)

Beschreibung: Bei *Smilisca phaeota* handelt es sich um einen ansprechend gefärbten Laubfrosch, der eine braune, grüne oder ockerfarbene Rückenzeichnung mit dunklen Ornamenten auf Kopf und Rücken aufweist. Ein weißes Lippenband umgibt die Schnauze; auffällig ist ein dunkler Keil, der sich vom Auge über das Trommelfell bis in den vorderen Flankenbereich zieht. Die Flanken erscheinen ocker, braun oder gelb und sind von einer feinen netzartigen Zeichnung überzogen. Die Beinoberseiten sind dunkel quergebändert. Es handelt sich um große Laubfrösche, deren Weibchen eine Länge von fast 8 cm erreichen können; Männchen bleiben mit 6,5 cm kleiner.

Verbreitung und Lebensraum: Die Gattung *Smilisca* ist mit den Arten *S. baudinii*, *S. cyanosticta*, *S. phaeota*, *S. puma*, *S. sila* und *S. sordida* über den gesamten mittelamerikanischen Raum verbreitet. *Smilisca phaeota* kommt nach Duellman (1970) vom Nordosten Nicaraguas bis zum Nordwesten Kolumbiens vor. Die Frösche leben im tropischen Regenwald des Flachlandes bis in 1000 m Höhe.

Pflege im Terrarium: Ein Terrarium für die Pflege von *Smilisca phaeota* sollte geräumig sein, da die großen Tiere sehr lebhaft sind. Geeignet sind Behälter ab einer Größe von 90×70×50 cm (Höhe ×

Breite × Tiefe). Ein großer Wasserteil von mindestens fünf Litern Inhalt ist erforderlich, da sich die Männchen in der Paarungszeit im Wasser aufhalten. Die Temperatur sollte tagsüber um 27° C liegen, bei einer nächtlichen Abkühlung auf 22° C. Durch tägliches Sprühen halten wir die Luftfeuchtigkeit in einem Bereich zwischen 80 und 90% relativer Feuchte.

Verhalten und Zucht: Für die Zucht wird das Wasser auf 26 bis 28° C erwärmt. Dadurch und durch verstärktes Sprühen mit einem Wasserzerstäuber erreichen wir die notwendig hohe Luftfeuchtigkeit von annähernd 100% relativer Feuchte.

Ein Zuchtversuch sollte in den Wintermonaten Januar und Februar gestartet werden; meine Tiere laichten in einer Laichperiode zweimal ab, zunächst im Januar und dann im April. Duellman (1970) gibt für die Art eine ganzjährige Aktivitätszeit an, so daß ein zweimaliges Ablaichen in der mehrmonatigen Regenzeit auch in der Natur möglich erscheint. Auf die „Regenzeit" reagieren die Männchen mit lauten, blökenden Rufen. Sie verbringen nun einen großen Teil ihrer nächtlichen Aktivität im Wasser, wo sie lautstark rufend wie kleine Schlauchboote an der Wasseroberfläche treiben. Die Weibchen werden von diesem „Konzert" an das Wasser gelockt, wo sie von den Männchen sofort ergriffen werden. Die Laichabgabe erfolgt in der Regel noch in derselben Nacht. Das Gelege wird als Oberflächenfilm direkt in das Wasser entlassen und vom Männchen befruchtet. Die Eizahl eines Geleges kann zwischen ca. 150 bis 300 Eiern schwanken.

Die Entwicklung der Embryonen verläuft sehr schnell; bereits am zweiten Tag verlassen sie die Eihüllen. Die nächsten Tage verbringen die Larven fast unbeweglich, indem sie sich an Steinen oder Pflanzen festsaugen. Zwischen dem 4. und 5. Tag bilden sich die Außenkiemen zu inneren Kiemen um, gleichzeitig bricht die Mundöffnung durch. Die Quappen sind jetzt 8 bis 9 mm groß und schwimmen auf Futtersuche stetig umher. Sie sind problemlose Allesfresser und können von Anfang an mit Futtertabletten, aufgetauten Mückenlarven, Algen und anderen Futtermitteln versorgt werden. Bei guter Fütterung erreichen die Kaulquappen um den 25. Tag ihre Endgröße von 40 mm (bei 25° C Wassertemperatur). Vom 30. Tag an verlassen die ersten Jungfrösche das Wasser. Bei der Aufzucht der großen Kaulquappenmengen kann nach der „Wannenmethode" (Schulte 1980) gearbeitet werden. Dabei wird ein kleinerer Behälter mit den Kaulquappen in den Filterkreislauf eines größeren Beckens eingebaut; als Vorteil ergibt sich eine konzentrierte Versorgung der Quappen mit Nahrungsstoffen bei gleichzeitiger Verdünnung der Abbaustoffe durch die größere Wassermenge. Ein regelmäßiger Wasserwechsel wird trotzdem erforderlich sein.

Nach der Metamorphose der Kaulquappen steht der *Smilisca*-Züchter dann vor dem Problem, wie er einige hundert 12 bis 18 mm große Jungfrösche ernähren soll. Allein die Unterbringung erfordert mehrere kleine Terrarien, die einfach und zweckmäßig eingerichtet sein dürfen, aber gut belüftet sein sollten. Die notwendigen Mengen an Kleininsekten für die Fütterung lassen sich nur duch die rechtzeitige Intensivierung der Drosophilazuchten bereitstellen.

So einfach wie die Aufzucht der Kaulquappen ist die Aufzucht der Jungfrösche nicht mehr. Diese erweisen sich als anfällig für bakterielle Erkrankungen und Vitamin- und Mineralstoffmangelschäden in Form von Hinterbeinkrämpfen und „Wasserbäuchen". Ersteres läßt sich durch genügende Sauberkeit und geringe Besetzung der Aufzuchtterrarien verhindern, letzteres durch eine vielseitige Ernährung unter Zugabe von Vitaminen und Mineralstoffen (Osspulvit, Calcipot, Multi-VT-Min). Bei entsprechender Sorgfalt ist die Aufzucht der Jungfrösche durchaus möglich. Die Tiere danken es durch Vitalität. Ihre Geschlechtsreife erreichen sie nach gut einem Jahr.

Smilisca sordida (Foto Seite 73)

Beschreibung: Bei Smilisca sordida handelt es sich um einen mittelgroßen Laubfrosch. Die Weibchen erreichen eine Länge bis zu 6,4 cm, die Männchen bleiben mit 4,5 cm deutlich kleiner. In der Regel zeigt Smilisca sordida einen rotbraunen Rücken mit dunkelbraunen Flecken oder zusammenfließenden Bändern. Es kommen aber auch graue und braungelbe Grundfärbungen vor. Der Bauch und die Kehle sind weiß. Vom sehr ähnlichen Smilisca sila unterscheidet sich Smilisca sordida in der Kopfform. Bei Smilisca sila ist der Kopf ausgesprochen kurz und abgestutzt, während er bei Smilisca sordida normallang und rund erscheint. Ein weiteres Unterscheidungsmerkmal sind die Spannhäute zwischen den Fingern und Zehen, die bei Smilisca sordida deutlich ausgeprägt sind, während sie bei Smilisca sila vor allem an den Vordergliedmaßen weitgehend fehlen.

Verbreitung und Lebensraum: Smilisca sordida bewohnt nach Duellman (1970) die pazifischen Hänge und Tieflandgebiete von Guanacaste in Costa Rica bis zum südöstlichen und westlichen Panama bis in 1200 m Höhe. Im westlichen Panama und in einigen Teilen Costa Ricas kommt die Art auch an den zur karibischen Seite gelegenen Hängen vor. Die Frösche leben vor allem in der Nähe von felsigen Bächen und Flüssen.

Pflege im Terrarium: Die Pflege von Smilisca sordida erfolgt in mittelgroßen Terrarien ab einer Höhe von 60 cm. Die Tiere bevorzugen Temperaturen von 22 bis 28°C und jahreszeitlich bedingte Luftfeuchtigkeitsschwankungen. Speziell Frösche aus den pazifischen Gebieten sollten wir in den Sommermonaten feucht halten, in den Monaten Dezember bis April dagegen trockener.

Verhalten und Zucht: Die Paarungszeit von Smilisca sordida liegt nach Duellman (1970) in den Monaten Dezember bis April. In diesen trockeneren Monaten regen kurze heftige Regenschauer die Paarungsaktivitäten an. Die Männchen sitzen dann rufend auf Steinen oder auf Kiesflächen im Fluß. Die Eier werden in ruhigeren Bereichen des Fließgewässers abgesetzt, in denen auch die Kaulquappen heranwachsen. Frisch verwandelte Jungfrösche sind zwischen 13 und 15 mm groß.

Kurzdarstellung weiterer Arten aus Mittel- und Südamerika

Art	Größe	Vorkommen	Aussehen	Besonderes
Agalychnis calcarifer	M 6,4 cm W 7,8 cm	Costa Rica, Panama, Kolumbien, feuchtes Tiefland	Oberseite grün, vereinzelt blaue Punkte, Flanken, Oberarmseiten und Zehen orange, Flanken mit blauschwarzen Bändern, Fersensporn, Iris gelb bis rot	wärmebedürftige Art, tags 26–30° C
Agalychnis moreletii	M 6,5 cm W 8,2 cm	südl. Mexico, Panama, unterer montaner Regenwald bis 1500 m	Oberseite und Außenseiten der Gliedmaßen grün, Finger, Zehen, Oberarme, Oberschenkel und Flanken orange	Gelege mit 23 bis 77 Eiern werden an Bäumen in 2 bis 12 m Höhe abgesetzt
Agalychnis spurelli	M 6,0 cm W 8,5 cm	Costa Rica, Panama, Kolumbien, Tieflandregenwälder	Oberseite und Außenseiten der Gliedmaßen grün mit vereinzelten weißen Flecken; Finger, Zehen, Oberarme und Flanken gelb; Iris tiefrot, genetzt	wärmebedürftige Art, tags 26–30° C
Centrolenella euknemos	M 2,4 cm W 3,1 cm	Panama, unterer montaner Regenwald	transparent blaugrün, feine gelbe Punktierung, lange, schräg abfallende Schnauze, Bauchseite durchscheinend	im Terrarium ein wenig heikel
Centrolenella valerioi	M und W 2,3 cm	Panama, unterer montaner Regenwald	transparente grüne Netzfärbung mit großen gelben Flecken, flacher Körperbau, Bauchseite durchscheinend	heikel, larvale Entwicklungszeit 8 Monate
Hyla albofrenata	M und W 5 cm	Südamerika, Brasilien, unterer montaner Regenwald	transparent gelbgrün mit feiner rotbrauner Punktierung, Flanken und Bauchseite weiß, Iris rubinrot	baumlebend, steigt nur zur Laichzeit zum Bach herunter
Hyla boans	M 11,0 cm W 13,0 cm	Panama, nördl. Südamerika, Peru, Tieflandgebiete	Oberseite braun bis rotbraun, mehrere Hautfalten, große Haftscheiben, Füße mit stark entwickelten Spannhäuten	baut in der Laichzeit schüsselförmige, große Schlammgruben, laute „aaak"-Rufe

Art	Größe	Vorkommen	Aussehen	Besonderes
Hyla debilis	M und W bis 2,8 cm	Costa Rica, Panama, unterer montaner Regenwald bis 1450 m	Oberseite auffällig blaugrün, dunkler Streifen zwischen Nasenloch und Auge, weiße Flanken und Unterseite	Jungtiere beigebraun mit gelbem Dorsolateralstreifen, der auf der Schnauze beginnt
Hyla fasciata	M und W bis 5 cm	nördl. Südamerika, Peru, Tiefland--Regenwald	Oberseite gelbbraun mit feiner schwarzer Rückenmittellinie; Weichen und verdeckt liegende Beinteile schwarz-weiß gefleckt	versteckt lebende Art, nur zur Laichzeit an Bächen
Hyla graceae	M 3,9 cm W 4,1 cm	Panama, unterer montaner Regenwald	Oberseite hellbraun, gelber Dorsolateralstreifen, kurzer Kopf, braune Querbänder auf den Gliedmaßen	selten, erst 1982 beschrieben
Hyla granosa	M und W 5 cm	nördl. Südamerika, Peru, Tieflandgebiete	Oberseite gelblichgrün, rötliche Augenumrandungen, rotbraune Iris	laicht in der Regenzeit in Massenansammlungen an Stillgewässern
Hyla lancasteri	M 3,1 cm W 3,7 cm	Costa Rica, Panama, Tiefland und Berghänge bis 1450 m	Oberseite metallisch grün mit braunen Flecken, auffällige Hauttuberkel auf der Oberseite und den Gliedmaßen	krähende Rufe; die Gelege werden über dem Wasser auf Blättern abgesetzt
Hyla leucophyllata	bis 4 cm	nördl. Südamerika, Surinam, Brasilien	orangene Grundfärbung, die am Kopf und vorderen Rücken von breiten gelben Bändern auf ein sanduhrförmiges Muster zurückgedrängt wird; gelbe Bänder und Punkte auf den Gliedmaßen	sehr auffällig gefärbter Bromelienlaubfrosch

Oben: Phyllomedusa lemur (S. 65).
Mitte links: Phyllomedusa lemur, Nachtfärbung.
Mitte rechts: Smilisca sordida (S. 70).
Unten links: Helle und dunkle Farbform von Afrixalus dorsalis (S. 77).
Unten rechts: Afrixalus fulvovittatus (S. 87).

Art	Größe	Vorkommen	Aussehen	Besonderes
Hyla microcephala underwoodi	M 2,8 cm W 3,2 cm	Mexico, Guatemala, Honduras, Nicaragua, Costa Rica	Oberseite gelbbraun mit dunklerem Strichmuster, helle Flanken, Bauchseite hellbeige, Iris bronzefarben	Bromelienlaubfrosch, weite Verbreitung in Mittelamerika
Hyla miliaria	bis 11 cm	Nicaragua, Costa Rica, Panama	Oberseite braun, vereinzelt grüne Flecken, rauhe Haut, große Haftscheiben und Spannhäute, fransenähnliche Hautzipfel am Tarsus	Baumkronenbewohner; mit Fußsegeln zu Gleitflügen befähigt
Hyla punctata	bis 3,5 cm	Südamerika: Trinidad, Surinam, Guayana; Tiefland-Regenwald	Oberseite gelb mit feinen roten Punkten, Bauchseite hellgrün, Iris silbergrau	schattenlebend, verträgt kein grelles Sonnenlicht
Hyla rhodopepla	M 2,3 cm W 2,8 cm	nördl. Südamerika, Peru, Tiefland--Regenwald	Oberseite rotbraun, Flanken und Gliedmaßen gelbgrün abgesetzt, gelbgrünes Lippenband	Farbwechselvermögen von rotbraun zu gelb, tagsüber auch weiß
Hyla rosenbergi	bis 9 cm	Costa Rica, Panama, Kolumbien, Ecuador	Oberseite gelbbraun mit dunklerer Kringelzeichnung, feiner schwarzer Rückenstreifen	laicht in selbstgebauten Schlammnestern
Hyla tica	M 3,0 cm W 3,7 cm	Costa Rica, Panama, unterer montaner Regenwald bis 1400 m	Oberseite hellbraun mit großen sanduhrförmigen Flecken; Gliedmaßen dunkel quergebändert; gelb- bis orangene Weichen und Oberschenkel	der Ruf besteht aus 3–5 zirpenden Einzellauten

Oben: Ein farbenprächtig gefärbtes Weibchen von Hyperolius marmoratus marginatus (S. 79). Mitte links: Hyperolius marmoratus (S. 79). Mitte rechts: Die Männchen von Hyperolius marmoratus marginatus sind einfarben bräunlich oder beige. Unten links: Darmvorfall bei Hyperolius marmoratus als Folge einer zu einseitigen Ernährung. Unten rechts: Ein Männchen von Hyperolius nasutus, das im Blattgrün tagsüber ausgezeichnet getarnt ist (S. 81).

Art	Größe	Vorkommen	Aussehen	Besonderes
Hyla zeteki	M 2,3 cm W 2,6 cm	Costa Rica, Panama, unterer montaner Regenwald bis 1450 m	Oberseite gelbbraun, dunkler Flankenstreifen, glatthäutig	bromelienlebend, Larven fressen arteigene Eier
Ololygon boulengeri	M 4,0 cm W 5,3 cm	Nicaragua, Costa Rica, Panama, Tiefland-Regenwald	Oberseite braun mit kryptischen dunklen oder grünen Mustern, die den Frosch zusammen mit der rauhen Haut „rindenähnlich" aussehen lassen	„Knickzehenlaubfrosch", sitzt häufig mit dem Kopf nach unten
Ololygon rubra (Foto Seite 46)	M 3,5 cm W 4,2 cm	Panama, nördl. Südamerika bis Peru, Tiefland-Regenwald	Oberseite graubraun, häufig mit mehreren unterbrochenen dunklen Streifen; Weichengegend gelb-braun gefleckt	früher wie die anderen *Ololygon*-Arten zu *Hyla* gestellt
Phyllomedusa vaillanti	M 6,0 cm W 8,0 cm	Südamerika, Peru, Tiefland-Regenwald	Oberseite und Gliedmaßen einfarbig grün, Flanken und Unterseite hellbeige, Iris silbergrau	setzt den Laich in selbstgeformten Blattüten über dem Wasser ab
Phrynohyas venulosa	bis 12 cm	Mexico, Guatemala, Honduras, Nicaragua, Costa Rica, Panama, nördl. Südamerika, Peru	Oberseite hellbraun bis dunkelgrau, warzige, drüsenreiche Haut; kurzer, stumpfer Kopf	giftige Hautausscheidungen, die an der Luft zu einer gummiartigen Masse erhärten

Ruder- und Riedfrösche aus Afrika

Afrixalus dorsalis
Bananenfrosch (Foto Seite 73)

Bei den Angehörigen der Gattung *Afrixalus* handelt es sich um kleinbleibende Vertreter der Ruderfrösche (Rhacophoridae), die mit etwa zwanzig Arten das tropische Afrika und Madagaskar bewohnen. Ihr Lebensraum sind die tropischen Regenwälder, aber auch trockenere Gras- und Savannenlandschaften.

Ihre Populärbezeichnung „Bananenfrösche" verdanken sie dem Umstand, daß sie häufig in den Fruchtständen von Bananenstauden gefunden werden, wo sie sich tagsüber verstecken. Mitunter werden sie auch „Stachelfrösche" genannt, da manche Arten winzige, schwarze Stacheln in der Rückenhaut und auf den Hinterbeinen aufweisen.

Von den afrikanischen Riedfröschen der Gattung *Hyperolius* lassen sich die Bananenfrösche durch ihre senkrechte Pupille unterscheiden.

Beschreibung: *Afrixalus dorsalis* erreicht bei den Weibchen eine Länge von 30 mm; die Männchen bleiben ein wenig kleiner. Die Tiere sind mit ihrer kontrastreichen Triangelzeichnung, die sich dunkel vom goldbraunen bis cremeweißen Rücken absetzt, hübsch anzusehen. Mitunter treten auch gestreifte Exemplare auf. Insgesamt ist die Färbung der etwa fünf westafrikanischen Formen sehr variabel, so daß sie sich nur schwer unterscheiden lassen. An weiteren Merkmalen besitzen die Frösche verborgene, äußerlich kaum zu erkennende Trommelfelle und rudimentäre Schwimmhäute an den Zehen.

Verbreitung und Lebensraum: *Afrixalus dorsalis* bewohnt nach Schulte (1980) Wälder und deren Randgebiete in der Feuchtsavanne Westafrikas. Im Westen erreicht die Art das östliche Sierra Leone, die Ostgrenze soll im ehemaligen Britisch-Kamerun liegen.

Pflege im Terrarium: Für diese kleinen Frösche reichen Terrarien in einer Größe von 60×40×40 cm aus. Da sie eine hohe Luftfeuchtigkeit benötigen und für die Fortpflanzung einen größeren Wasserteil, können wir sie auch im Paludarium pflegen. Den Wasserteil bepflanzen wir mit Sumpfpflanzen, die aus dem Wasser herausragen wie zum Beispiel Zyperngras (Cyperus alternifolius). Auch die Efeutute (Scindapsus) läßt sich im Wasser kultivieren und dient gleichzeitig als Übergang zum Landteil.

Die Lufttemperatur sollte um 25° C liegen. An Futter reichen wir den Fröschen Fliegen, große Drosophila, Wachsmotten und mittelgroße Heimchen. Die Futtertiere geben wir am besten abends in das Terrarium, da die lichtscheuen Tiere erst nach Einbruch der Dunkelheit munter werden.

Verhalten und Zucht: Als Vorbereitung für einen Zuchtversuch ist eine trockenenere Haltung für etwa acht Wochen zu empfehlen. Der Wasserteil sollte für diese Zeit trockengelegt werden. Nach dem Wiederauffüllen des Wasserteils simulieren wir durch mehrmaliges tägliches Sprühen eine „Regenzeit".

Van Berkom (1975) berichtet über die erfolgreiche Zucht. Er löste das Fortpflanzungsverhalten bei frischgefangenen Tieren durch Einsetzen in ein Paludarium aus, in dem eine hohe Luftfeuchtigkeit von 90% relativer Feuchte herrschte. Die Männchen, die sich an einem gelben Fleck auf der Kehle gut erkennen lassen, beginnen durch andauerndes Rufen auf sich aufmerksam zu machen. Wenn sich ein Froschpaar gefunden hat, suchen die Tiere den Wasserteil auf, um an über der Wasseroberfläche hängenden Blättern abzulaichen. Zum Ablaichen benötigen die Frösche weiche und längliche Blätter, wie sie zum Beispiel Cryptocorynen besitzen, da sie ihre 20 bis 30 Eier in das Blatt einfalten und verkleben. Die Eier werden nach etwa zehn Tagen so weit entwickelt sein, daß die Larven aus ihrem „Nest" herausfallen. Wir sollten jedoch das Blatt mit dem Gelege besser herausnehmen und zur weiteren Entwicklung in ein kleines Aquarium überführen. Hier befestigen wir das Blatt so über dem Wasser, daß die Larven ungehindert herausgleiten können.

Die Larven ernähren sich nach van Berkom zunächst vegetarisch; wir füttern sie daher mit Algen und Tabimin-Tabletten. Dabei sind übermäßige Futtergaben zu vermeiden, denn hierdurch könnte eine Wasserbelastung eintreten, auf die die Larven empfindlich reagieren. Nach van Berkom ist das Futter zwischen dem achten und dem zwölften Tag umzustellen, da die Kaulquappen nun von einem Tag auf den anderen das bisherige Futter verweigern. Jetzt benötigen die Larven tierische Kost wie gehackte Tubifex, Wasserflöhe und Mückenlarven, möglichst als Lebendfutter.

Im Alter von 10 bis 12 Wochen verlassen die dann etwa 10 mm großen Jungfrösche das Wasser. Wir setzen sie in kleine Aufzuchtterrarien und füttern sie mit angereicherten Drosophila (Bestäuben mit Osspulvit). Wenn wir darauf achten, daß die Jungfrösche im „Futter stehen", ist die weitere Aufzucht problemlos.

Chiromantis xerampelina
Afrikanischer Greiffrosch

Beschreibung: Die zu den Ruderfröschen (Rhacophoridae) zählende Gattung *Chiromantis* besteht nur aus den drei Arten *Ch. petersi*, *Ch. rufescens* und *Ch. xerampelina*. Während *Chiromantis rufescens* Regenwälder im tropischen Westafrika bewohnt, handelt es sich bei den anderen beiden Arten um Savannenbewohner. Für das Terrarium wird häufiger *Chiromantis xerampelina* angeboten, so daß ich diese Art genauer darstellen möchte.

Bei *Chiromantis xerampelina* handelt es sich um einen großen Baumfrosch, da die Weibchen eine Länge von 9 cm erreichen. Die Männchen bleiben ein wenig kleiner. Die graue, nur durch dunklere Muster aufgelockerte Grundfärbung ermöglicht den Fröschen tagsüber eine ausgezeichnete Tarnung, da sie auf Ästen schlafen und von diesen als ein Stück „Rinde" farblich nicht zu unterscheiden sind. Zusätzlich verfügen die Tiere über ein schnelles Farbwechselvermögen. Die Bauchseite ist hell gefärbt, die Pupillen stehen waagrecht. Als weitere Merkmale sind die warzige Haut zu nennen und die Anatomie der Vordergliedmaßen. Hier können die inneren Finger den äußeren gegenübergestellt werden, so daß eine Greifhand entsteht.

Verbreitung und Lebensraum: *Chiromantis xerampelina* kommt im savannenartigen Flachland in Ost- und Südafrika vor.

Pflege im Terrarium: Hohe und geräumige Terrarien sind für die Pflege dieser großen Art erforderlich. Die meiste Zeit des Jahres sind die Frösche recht trocken bei Feuchtigkeitswerten um 60% zu halten. Ein kleiner Wasserteil ist als Badeplatz ausreichend. Nur zur Stimulierung der Fortpflanzung ist für etwa 2 Monate eine „Regenzeit" nachzuahmen, wobei der Terrarienboden mit Wasser angefüllt wird. Die Lufttemperaturen sollten zwischen 22 und 30° C schwanken. Als Futter nehmen die Frösche große Insekten wie Grillen und Wanderheuschrecken an.

Verhalten und Zucht: Mit ein wenig Glück heften die Frösche ihr Schaumnest, das bis zu 150 Eier enthalten kann, an Äste und Pflanzen, die sich über dem Wasserteil befinden. Nach Schulte (1980) entwickeln sich die Eier nach drei bis vier Tagen zu weißen Kaulquappen mit großen äußeren Kiemen. Nach weiteren zwei Tagen tropfen sie aus dem verhärteten Schaumnest in den Wasserteil. Die Aufzucht der bis zu 5 cm großen Larven gelingt mit Flockenfutter und aufgetauten Mückenlarven. Die Art erreicht nach Schulte ein beachtliches Alter von 6 bis 8 Jahren.

Hyperolius marmoratus
Marmorriedfrosch (Fotos Seite 74)

Die umfangreiche Gattung *Hyperolius* wird von vielen Autoren als eigenständige Familie Hyperoliidae angesehen. Sie ist mit 140 bis 170 Arten in Afrika südlich der Sahara vertreten. Die Zuordnung der einzelnen Arten bereitet große Probleme, da sie zum Teil als „Superspezies" auftreten und innerhalb einer Art eine Anzahl von Unterarten bilden. So existieren nach Obst-Richter-Jakob (1984) von der Art *Hyperolius marmoratus* 23 Unterarten, die zudem farblich unterschiedlich ausfallen können. Um die Verwirrung perfekt zu machen, tritt bei vielen *Hyperolius* ein Geschlechtsdimorphismus auf, das heißt, daß die Weibchen ganz anders aussehen als die Männchen. Schließlich lassen sich bei vielen Arten während der Jungtierentwicklung Farbumwandlungen beobachten.

Riedfrösche leben in der Ufervegetation von fließenden und stehenden Gewässern, aber auch in Graslandschaften und trockeneren Gebieten. Viele Arten wie auch der Marmorriedfrosch sind für die Terrarienhaltung sehr gut geeignet.

Beschreibung: Da eine Beschreibung des Marmorriedfrosches mit seinen 23 Unterarten im Rahmen dieses Buches nicht möglich ist, beschränke ich mich auf die

Beschreibung der Unterart *Hyperolius marmoratus marginatus*. Es handelt sich um 3 bis 4 cm große Fröschchen mit gelber, grüner, blauer oder brauner Rückenfärbung, die von dunkelbraun gekernten gelben Punkten überzogen ist. Die Schenkelinnenseiten sind rot, die Flanken, der Bauch und die Kehle weiß bis gelb, manchmal mit einer rotbraunen Punktierung. Die Weibchen weisen die bunten Färbungen auf, die Männchen sind unifarben braun bis beige. Sie zeigen in der Regel eine dunklere Kehlfärbung, die auf die Schallblase hinweist. Im Unterschied zu den Bananenfröschen (*Afrixalus*) zeigen alle *Hyperolius* waagrechte Pupillen.

Verbreitung und Lebensraum: Marmorriedfrösche leben in Kenia (*H. marmoratus marginatus*), darüberhinaus in Ost-, Zentral- und Südafrika mit einer Reihe von anderen Unterarten. In der feuchten Jahreszeit finden sie sich in der Vegetation in Wassernähe, die Trockenzeit überstehen sie in Verstecken.

Pflege im Terrarium: Für die Pflege der Marmorriedfrösche eignen sich Terrarien ab einer Größe von 60×60×40 cm; während der Fortpflanzungszeit in den Wintermonaten lassen sie sich auch in Paludarien pflegen. Die Lufttemperatur sollte zwischen 22 und 28°C liegen, die Luftfeuchtigkeit während der trockenen acht Monate zwischen 50 und 70% relativer Feuchte und während der Fortpflanzungszeit zwischen 80 und 100%. Zur Bepflanzung mit Scindapsus, Zyperngras, Philodendron und Yucca-Palmen kann man Bambusstäbe kombinieren, an denen sich die Hyperolius tagsüber gern aufhalten. Der Wasserteil sollte mit Wasserpflanzen wie Aponogeton, Anubias oder Spatyphyllum besetzt werden.

Verhalten und Zucht: Die Zucht der Marmorriedfrösche gelingt am besten, wenn wir sie nach einigen Monaten trockenerer Haltung in ein Terrarium mit hoher Luftfeuchtigkeit und häufigen „Regenfällen" überführen. Die Männchen reagieren auf die erhöhte Luftfeuchtigkeit mit lauten Rufen, wobei sich ihre Schallblase so mächtig aufbläht, daß der ganze Froschmann dahinter verschwindet. Dieses Konzert ist ebenso eindrucksvoll wie laut: Die Rufe der Marmorriedfrösche klingen, als wenn wir mit einem Hammer auf Metall schlagen – und das ohrenbetäubend zu nachtschlafender Zeit.

Den Weibchen scheint's jedoch zu gefallen. Sie nähern sich den rufenden Männchen und werden von diesen sofort in typischer Amplexus-Manier ergriffen. Im Regelfall laicht das Paar noch in derselben Nacht an aus dem Wasser stehenden Pflanzen ab. Die Eier werden in kleinen Ballen an eingetauchten Pflanzenteilen oder Wasserpflanzen abgesetzt; ein Gelege kann 300 bis 400 Eier umfassen.

Die Larven lassen sich anfangs mit Staubfutter und Algen, später mit verschiedenen Flockenfuttersorten, Mückenlarven und Rinderherz aufziehen. Bei der Aufzucht empfiehlt sich die „Wannenmethode" nach Schulte (1980), wie ich sie bei *Smilisca phaeota* beschrieben habe. Nach gut acht Wochen erreichen die Kaulquappen die Metamorphose.

Nun ist darauf zu achten, daß die zunächst noch unbeholfenen Jungfrösche das Wasser einfach verlassen können.

Durch einen niedrigen Wasserstand und durch Schrägstellen des Aufzuchtbeckens leisten wir ihnen dabei Hilfestellung. Bei der weiteren Aufzucht der Jungfrösche müssen wir aufgrund der großen Jungfroschmengen mit ähnlichen Problemen rechnen, wie ich sie bei der Aufzucht von jungen *Smilisca phaeota* angesprochen habe. Wir verteilen die Frösche auf mehrere Terrarien und füttern sie anfangs mit angereicherten Drosophila (Einstäuben mit Osspulvit, Calcipot).

Weitere Informationen zur Zucht und Aufzucht von Hyperolius marmoratus finden wir bei Rogner (1984), Schulte (1980) und Zimmermann (1979), dem eine Zucht bis zur F6-Generation gelang.

Hyperolius nasutus
Nasen-Riedfrosch (Foto Seite 74)

Beschreibung: *Hyperolius nasutus* ist mit einer Länge von 20 mm eine sehr kleine Art. Nach Schulte (1980) lassen sich die Geschlechter an der unterschiedlichen Färbung erkennen: Das kleinere Männchen weist eine durchsichtig hellgrüne bis braune Färbung auf und zeigt einen weißen Seitenstreifen, der sich oberhalb des Auges bis zur Schnauzenspitze fortsetzt. Dem in der Regel grünen Weibchen fehlen die beiden auffälligen Seitenstreifen, manchmal lassen sich jedoch auf dem Rücken mehrere sehr feine braune Längsstreifen feststellen. Die Kehle des Weibchens ist hellgrün, beim Männchen gelb bis goldfarben. Der Kopf läuft in der typischen „Nase" spitz aus.

Verbreitung und Lebensraum: Der Nasen-Riedfrosch bewohnt die Randvegetation von kleinen Gewässern in Savannengebieten südlich der Sahara (Angola, Malawi, Zimbabwe, Südafrika).

Pflege im Terrarium: Aufgrund ihrer geringen Größe lassen sich die Frösche in kleinen Terrarien von etwa 50×50×40 cm Größe pflegen. Das Terrarium sollte einem schilfbestandenem Ufer nachempfunden werden; im Wasserteil lassen sich zum Beispiel Zyperngras und Spatyphyllum kultivieren. Der Nasen-Riedfrosch bereitet bei der Haltung Probleme, da die Frösche in Freiheit als Nahrungsspezialisten von Moskitos leben. Mit dem üblichen Insektenfutter scheinen sie nicht auszukommen; ihre Lebenserwartung beträgt dann nach eigener Erfahrung etwa vier Monate. Schulte (1980) empfiehlt als Futter Stechmücken (Culex), was der natürlichen Ernährung möglicherweise nahekommt.

Verhalten und Zucht: Nach Schulte legen die Frösche in der Fortpflanzungszeit etwa 200 Eier an untergetauchten Wasserpflanzen ab. Die Aufzucht der anfangs 12 mm großen Jungtiere dürfte aus Ernährungsgründen problematisch sein.

Hyperolius tuberilinguis
Grüner Riedfrosch (Foto Seite 83)

Beschreibung: Die bis zu 4 cm großen *Hyperolius tuberilinguis* sind in der Regel leuchtend grün oder hellgelb gefärbt. Bei feuchter Haltung verfärben sich die Frösche und sehen dann dunkelgrün aus. Der Bauch ist weiß, die Innenseiten der Schenkel sind rot gefärbt. Auffällig sind die großen Augen mit ihrer goldgelben Iris. Die Pupille steht wie bei allen *Hype-*

rolius waagrecht. Die Männchen lassen sich an ihrer gelben Kehlfärbung erkennen.

Verbreitung und Lebensraum: Der Grüne Riedfrosch kommt in einigen Gebieten Ostafrikas und in Südafrika (Zululand) vor. Die Tiere leben zur Fortpflanzungszeit an periodischen Tümpeln; die Trockenzeit scheinen sie in Verstecken am Boden zu verbringen.

Pflege im Terrarium: Für die Pflege dieser Riedfrösche eignen sich Terrarien ab einer Größe von 60×60×40 cm. Die Temperatur sollte um 22°C in der Nacht und bis zu 30°C am Tag betragen. Während der Fortpflanzungszeit in den Sommermonaten pflegen wir die Frösche am besten in einem Paludarium oder in einem Terrarium, dessen Boden wir mit Wasser fluten. „Wasserfeste" Pflanzen wie Philodendron, Zyperngras oder andere Sumpfpflanzen sollten den Fröschen ein Absteigen bis zur Wasserfläche ermöglichen. Zum Spätsommer setzen wir die Tiere in ein trockeneres Terrarium mit nur kleiner Wasserstelle um und sprühen nur noch einmal wöchentlich mit Wasser.

Verhalten und Zucht: Der Grüne Riedfrosch heftet sein Gelege von 300 bis 400 Eiern an Pflanzenteilen oberhalb des Wasserspiegels an. Nach etwa einer Woche verflüssigt sich das Gelege und die Larven fallen heraus. Sie lassen sich mit Zierfischfutter aufziehen und wandeln sich nach etwa zwei Monaten zu Jungfröschen um.

Hyperolius viridiflavus
Gestreifter Riedfrosch
(Fotos Seite 83)

Beschreibung: *Hyperolius viridiflavus* tritt in verschiedenen Unterarten auf. Manche Autoren zählen die Art zur *Hyperolius marmoratus*-Gruppe. Die 2 bis 4 cm großen Frösche sind sehr variabel gefärbt; viele Formen zeigen dunkle Flekken- oder Streifenmuster. Die Unterart *H. viridiflavus taeniatus* fällt durch eine dunkle Streifenzeichnung auf hellbeigem Grund auf. In der hellen Grundfärbung befinden sich zarte gelbe, rote oder orangefarbene Längslinien.

Erstaunlich ist das Farbwechselvermögen: Bei Temperaturen ab 33°C färben sich die Frösche strahlend weiß. Lediglich die feinen gelben Linien sind von der kontrastreichen Normalfärbung noch zu erkennen. Eine Untersuchung über dieses bemerkenswerte Farbwechselvermögen finden wir vorstehend im Kapitel „Die Eroberer".

Verbreitung und Lebensraum: *H. viridiflavus* sind in Mozambique, Zimbabwe, Süd- und Südwestafrika verbreitet. Switak (1983) fand die Frösche zusammen mit *H. tuberilinguis* und *Kassina maculata* zur Regenzeit im Zululand (Südafrika).

**Oben: Hyperolius tuberilinguis (S. 81).
Mitte links: Hyperolius viridiflavus wird bei großer Hitze weiß (S. 82).
Mitte rechts: H. viridiflavus, normal gefärbt.
Unten links: Kassina maculata (S. 85).
Unten rechts: Leptopelis cinnamomeus (S. 86).**

Pflege im Terrarium: Die Pflege der Frösche verläuft ähnlich wie bei *Hyperolius marmoratus*. Während der Trockenzeit sollten die Luftfeuchtigkeitswerte zwischen 40 und 60% relativer Feuchte liegen. Rogner (1986) empfiehlt eine Winterruhe bei Temperaturen zwischen 15 und 18° C.

Verhalten und Zucht: Die Fortpflanzungszeit sollte in den Sommermonaten durch Einsetzen in ein feuchtes Terrarium oder Paludarium eingeleitet werden. Durch simulierte „Regenfälle" können wir die Frösche zum Ablaichen bewegen. Die Zucht gelang Rogner (1984). Sein Froschpaar setzte an Wasserpflanzen mehrere Gelege mit insgesamt 263 Eiern ab. Die Larven ließen sich mit Algen und Zierfischfutter aufziehen. Nach Rogner erreichen die Frösche bereits im Alter von vier Monaten ihre Fortpflanzungsfähigkeit.

Kassina (Hylambates) maculata
Fleckenfrosch (Foto Seite 83)

Die zu den Ruderfröschen (Rhacophoridae) zählende Gattung *Kassina* ist in Afrika südlich der Sahara mit etwa zwanzig Arten verbreitet. Fast alle Arten leben in Bodennähe, lediglich *Kassina maculata* ist eine gebüsch- und baumbewohnende Art.

Oben links: Philautus spec. (S. 89).
Oben rechts: Polypedates leucomystax (S. 88).
Unten: Litoria caerulea, ein australischer Laubfrosch (S. 90).

Beschreibung: *Kassina maculata* gehört mit einer Länge bis zu 7 cm zu den größten Vertretern ihrer Gattung. Die Männchen bleiben ein wenig kleiner. Der Fleckenfrosch zeigt auf graubraunem Grund ein fast geometrisches Fleckenmuster; die dunkelbraunen Flecken sind hell umrandet und überziehen den Rücken und die Gliedmaßen. Diese weisen, insbesondere an den Schenkeln, eine zusätzliche rote Fleckenzeichnung auf. Der Bauch ist weiß; die Pupillen stehen senkrecht. Im Gegensatz zu ihren Gattungsverwandten verfügen die Fleckenfrösche über gutentwickelte Haftscheiben.

Verbreitung und Lebensraum: *Kassina maculata* kommt an der Küste von Ostafrika und in West- und Südafrika (Zululand) vor. Die Frösche bewohnen Regenwälder und Savannenlandschaften, die sich während der Regenzeit in Sumpfgelände verwandeln.

Pflege im Terrarium: *Kassina maculata* klettert gern und sollte daher in einem Terrarium gehalten werden, das eine Mindesthöhe von 70 cm aufweist. In den Sommermonaten ist die Art bei einer hohen Luftfeuchtigkeit von 80 bis 100% relativer Feuchte zu pflegen; eine Trockenzeit von etwa zwei bis drei Monaten überdauern die Frösche im feuchten Erdreich. Als Futter reichen wir große Insekten wie Motten, Heimchen und Grillen; möglicherweise vergreifen sich die Fleckenfrösche an kleineren Froschlurchen.

Verhalten und Zucht: Eine Zucht im Terrarium scheint noch nicht geglückt zu sein. Nach Schulte (1980) werden die Larven bis zu 13 cm lang; die Metamorphose soll nach zehn Monaten erfolgen.

Leptopelis cinnamomeus
Braunrückiger Waldsteigerfrosch
(Foto Seite 83)

Die Gattung *Leptopelis* (Familie Rhacophoridae) ist mit über 30 Arten im tropischen und suptropischen Afrika beheimatet. Nach Obst-Richter-Jakob (1984) sind die meisten Arten Gebüsch- und Baumbewohner, die nur zur Fortpflanzungszeit den Erdboden aufsuchen. Als Ausnahme ist hier *Leptopelis bocagei* anzusehen, dessen Klettervermögen zurückgebildet ist, so daß diese Art am Boden lebt.

Beschreibung: *Leptopelis cinnamomeus*, manchmal auch als *L. concolor* bezeichnet, erreicht eine Länge von 6 cm; die Männchen bleiben kleiner. Die leicht granulierte Haut zeigt auf der Oberseite eine hellbraune Färbung; der Bauch ist weiß. Ein dunkler Seitenstreifen zieht sich von der Schnauze über die Augen bis an die Flanken. Auf dem Rücken befindet sich ein großer dunkelbrauner Flekken. Die Augen besitzen eine goldbraune Iris und senkrechte Pupillen.

Verbreitung und Lebensraum: *L. cinnamomeus* kommt vom Zululand (Südafrika) bis zur afrikanischen Ostküste (Kenia) vor. Die Frösche leben an gebüschbestandenen Gewässern, während der Trockenzeit vergraben sie sich im Erdboden.

Pflege im Terrarium: Die Pflege des Braunrückigen Waldsteigers verläuft ähnlich wie bei der vorgenannten Art *Kassina maculata*. Im Winter sollten wir den Fröschen bei niedrigerer Temperatur und reduzierter Luftfeuchtigkeit feuchtes, lockeres Erdreich anbieten (Blumenerde mit Torfmoos vermischt), damit sie sich eingraben können. Als Futter nehmen die recht bedächtigen Tiere Motten, Fliegen, Regenwürmer und Wachsraupen an.

Verhalten und Zucht: Die Zucht können wir durch Einsetzen in ein beregnetes Terrarium einleiten. Die Frösche sollen ihre Eier im Erdreich in Wassernähe vergraben; die ausschlüpfenden Larven schlängeln sich dann über Land zum Wasser. Nach Schulte (1980) sehen die Jungfrösche anfangs grün aus.

Kurzdarstellung weiterer Arten von Ruder- und Riedfröschen aus Afrika

Art	Größe	Vorkommen	Aussehen	Besonderes
Afrixalus fornasini	bis 4 cm	Ostafrika, baumbestandene Savannengebiete	Oberseite dunkelbraun mit zwei sehr breiten silberweißen Längsstreifen, Haut leicht stachelig	große *Afrixalus*-Art
Afrixalus fulvovittatus (Foto Seite 73)	2,5 cm	Westafrika, Savannen und Urwaldlichtungen	Oberseite regelmäßig dunkelbraun -golden längsgestreift; Bauchseite weiß	senkrechte Pupillen im Gegensatz zum ähnlichen *Hyperolius quinquevittatus*
Hyperolius cinctiventris	M 3,0 cm W 3,6 cm	Ost- und Südafrika	Oberseite braun bis hellbeige mit hellem Dorsolateralstreifen; Bauchseite weiß	Gelege werden in Schleimballen an Schilf abgesetzt
Hyperolius concolor	M 3,0 cm W 4,0 cm	West- und Zentralafrika	Weibchen grün, gelber Bauch; Männchen grün oder braunmarmoriert, Unterseite weiß	Geschlechtsdimorphismus, mit 1 Jahr adult
Hyperolius marmoratus argentovittis	bis 3,5 cm	Ostafrika, Tanganjika	Oberseite silbergrau mit weißen Streifen, durch die eine feine rote Linie läuft; Weichen und Gliedmaßen grau-weiß-rot getüpfelt	lebt auf Sumpfpflanzen und Büschen an Tümpeln und Teichen
Hyperolius pusillus	bis 2 cm	Ost- und Südafrika, Küstengebiete	Oberseite transparent hellgrün bis hellbraun; Bauchseite weiß bis grün, Iris goldfarben	Nahrung Moskitos, Gelege an Seerosenblättern
Hyperolius quinquevittatus	bis 2,5 cm	Zentral- und Ostafrika	Oberseite grün bis goldbraun, dunkel längsgestreift	sieht *Afrixalus fulvovittatus* ähnlich, aber waagrechte Pupillen

Ruderfrösche aus Asien

**Rhacophorus (Polypedates)
leucomystax**
Weißbart-Ruderfrosch
(Foto Seite 84)

Obwohl die Ruderfrösche der Gattung *Rhacophorus* mit mehr als 80 Arten im tropischen und subtropischen Asien vorkommen, sind sie in der Terraristik weniger verbreitet. Dies auch deshalb, da einige der interessantesten Arten wie der Flugfrosch *Rh. reinwardti* im Terrarium nicht lange ausdauern. Nach Obst-Richter-Jakob (1984) und Schulte (1980) sind die blaßgrünen *Rhacophorus*-Arten kaum längere Zeit am Leben zu erhalten. Dagegen lassen sich die braunen Arten wie der Weißbart-Ruderfrosch ausgezeichnet pflegen. Diese Art wird nach neuerer Nomenklatur in die Gattung *Polypedates* gestellt.

Beschreibung: *Rh. leucomystax* ist ein großer Laubfrosch: Die Weibchen erreichen Längen bis zu 7 cm, die Männchen bleiben kleiner. Die hell- oder dunkelbraun gefärbten Frösche zeigen auf dem Rücken eine dunkle, in Längsrichtung angeordnete Fleckenzeichnung, gelegentlich treten auch gestreifte Tiere auf. Die Gliedmaßen zeigen in der Regel eine dunkle Querstreifung; der Bauch ist weiß. Auffällig ist der flache, spitz zulaufende Kopf, der an einen Raniden erinnert. Die großen Augen besitzen horizontale Pupillen. Am Unterkiefer befindet sich ein weißes Lippenband, der namengebende weiße „Bart".

Verbreitung und Lebensraum: Nach Schulte leben die Frösche vom östlichen Himalaya bis Südchina. Darüberhinaus kommen sie auf der Malayischen Halbinsel, den Großen Sundainseln und den Philippinen vor. Die Frösche sind bei der Wahl ihres Lebensraums wenig spezialisiert und nehmen feuchte Wiesen und Wasserlöcher an. Als Kulturfolger sollen sie auch in den Städten anzutreffen sein und in künstlichen Becken ablaichen.

Pflege im Terrarium: Für die Pflege von *Rhacophorus leucomystax* benötigen wir geräumige Terrarien mit einer Grundfläche ab 70×50 cm und einer Höhe von 80 cm. In zu kleinen Behältern stoßen sich vor allem die Weibchen bei ungestümen Sprüngen die Schnauzen auf. Das Terrarium sollten wir mit robusten Pflanzen wie Philodendron und Scindapsus dicht bepflanzen und einen großen Wasserteil von 10 cm Tiefe installieren. Über dem Wasserteil sollte Astwerk oder Bepflanzung vorhanden sein, damit die Tiere zur Brutzeit ihr Schaumgelege über dem Wasser anbringen können. Die Luft- und Wassertemperaturen sollten das ganze Jahr über mit geringen Schwankungen zwischen 22 und 28° C liegen. Als Futter reichen wir den Fröschen große Insekten. Bei der Vergesellschaftung mit anderen

Tieren ist zu beachten, daß die gefräßigen Rhacophorus auch kleine Froschlurche und Echsen verschlingen können.

Verhalten und Zucht: Die Fortpflanzung der Ruderfrösche läßt sich dadurch auslösen, daß wir die Luft- und Wassertemperaturen anheben und zusätzlich durch intensives Sprühen eine „Regenzeit" simulieren. Die Männchen beginnen dann zu rufen und locken die Weibchen zum Laichplatz. Während der Paarung produziert das Weibchen eine Flüssigkeit, die es mit den Hinterbeinen zu Schaum schlägt, wobei das Männchen tatkräftig mithilft. In das so vorbereitete „Nest" werden ca. 250 Eier portionsweise entlassen und vom Männchen besamt. Das nach einigen Tagen außen angetrocknete Schaumnest kann in ein separates Aufzuchtbecken überführt werden. Die nach 10 Tagen ausschlüpfenden Larven lassen sich mit Zierfischfutter leicht aufziehen. Weitere Hinweise zur Aufzucht finden sich bei Bech (1991).

Kurzdarstellung weiterer Arten aus Asien

Art	Größe	Vorkommen	Aussehen	Besonderes
Rhacophorus pardalis, Borneo-Flugfrosch	bis 7,5 cm	Sumatra, Borneo, Philippinen	Oberseite gelbbraun mit kreuzartiger dunkler Zeichnung; Füße mit großen Spannhäuten	5 Unterarten, mit Fußsegeln zum Gleitflug befähigt
Rhacophorus reinwardti, Java-Flugfrosch	8 cm	Sundainseln	Oberseite grün, Flanken und Innenseiten der Gliedmaßen schwarz mit blauen Punkten; große schwarze Spannhäute zwischen Fingern und Zehen	im Terrarium empfindlich und schwer zu halten; bis 15 m lange Gleitflüge mit Fußsegeln
Rhacophorus schlegeli	6 cm	Java, Sulawesi, Japan; felsige Gebirgsbäche	Oberseite lackgrün mit vereinzelten dunkelgrünen bis braunen Flecken	6 Unterarten, Larven entwickeln sich im Schaumnest bis zur Metamorphose
Philautus bimaculatus (Foto Seite 84)	3,5 cm	Halbinsel Malakka, Kalimantan	Oberseite braun mit dunklem Muster, Flanken hellblau getupft	Gattung der Rhacophoridae, ca. 60 Arten im tropischen Süd- und Südostasien, laubfroschartig
Philautus pictus	3,5 cm	Malaya, Singapur, Sumatra, Kalimantan	Oberseite dunkelbraun mit weißen Punkten, Haut glatt, Pupillen horizontal, Finger und Zehen mit Haftscheiben	Pflege wie baumbewohnende *Rhacophorus*-Arten; Schaumnestbauer

Laubfrösche aus Australien

Litoria caerulea
Korallenfinger (Foto Seite 84)

Die australischen Laubfrösche werden mittlerweile zur eigenständigen Gattung *Litoria* gerechnet, obwohl sie nach Obst-Richter-Jakob (1984) nur ungenügend von der Gattung *Hyla* abgegrenzt sind. Trotz der strengen australischen Ausfuhrbestimmungen sind einige *Litoria*-Arten fast regelmäßig im Handel anzutreffen. Der bekannteste australische Laubfrosch ist sicher der Korallenfinger.
Beschreibung: Der Korallenfinger gehört mit einer Länge von 10 bis 12 cm zu den Riesen unter den Laubfröschen. Sein plumper, massig gebauter Körper mit dem stark abgerundeten Kopf geben ihm ein unverwechselbares Aussehen. Die Frösche sind grasgrün gefärbt, manche Exemplare zeigen einen türkisblauen Schimmer. Je nach Stimmung, Temperatur und Luftfeuchtigkeit können Korallenfinger aber auch olivgrün bis braun aussehen. Auffällig sind die großen Haftscheiben an Fingern und Zehen sowie die Augen mit ihrer silbergrauen Iris und der horizontalen Pupille.
Verbreitung und Lebensraum: Diesener (1986) gibt als Verbreitung des Korallenfingers den Kimberley-Distrikt in Westaustralien, das Nordterritorium und die gesamte Ostküste an, wo die Art offenbar ihre größte Populationsdichte erreicht. Außerhalb Australiens ist der Korallenfinger im nördlichen und südlichen Neuguinea verbreitet. Als Kulturfolger bevorzugt *Litoria caerulea* menschliche Ansiedlungen in natürlicher, vegetationsreicher Umgebung mit kleinen, auch künstlichen Wasserstellen.
Pflege im Terrarium: Aufgrund seiner Größe benötigt der Korallenfinger ein geräumiges Terrarium mit einer Mindesthöhe von einem Meter. Das Terrarium sollte mit robusten Pflanzen wie großen Philodendron und Astwerk oder Korkeichenrinden ausgerüstet werden, um den Fröschen ausreichend Klettermöglichkeiten zu verschaffen. Ein waagrecht installierter Sitz- und Ruheplatz, zum Beispiel ein großer Epiphytenstamm, darf in einem Terrarium für Korallenfinger nicht fehlen. Als Badegefäß eignet sich ein lose eingesetztes Plastikbecken, das wegen der guten Verdauung der Frösche mehrmals in der Woche gereinigt werden sollte. Korallenfinger fressen alles, was sie bewältigen können: Eingewöhnte Tiere werden so zutraulich, daß sie auch Rindfleischstreifen annehmen, die wir vor ihrer Schnauze hin und her bewegen.
Verhalten und Zucht: Nach Diesener (1986) wird das Fortpflanzungsverhalten von den ersten Niederschlägen der beginnenden Regenzeit ausgelöst, die im nörd-

lichen Queensland im Dezember einsetzt und im Januar und Februar ihren Höhepunkt hat. Diesener beobachtete Paarungsaktivität der Männchen wie Rufen und Amplexusversuche verstärkt dann, wenn sich Nieselregen zu Dauerregen verdichtete. Bei einem Besuch in Australien stellte er fest, daß die am und im Haus seines Gastgebers lebenden Frösche auch in einem im Freien aufgestellten Aquarium (60×35×40 cm) abgelaicht hatten. Nach Diesener werden von einem Weibchen während der Fortpflanzungsperiode mehr als 2000 Eier produziert. Die Gelege werden in kleinen Ballen von 100 bis 200 Eiern an Wasserpflanzen abgesetzt. Die anfangs 15 bis 18 mm großen Jungfrösche wachsen bei guter Fütterung schnell heran. Im Terrarium sollten wir die Futtertiere täglich mit einem Mineralstoffpräparat (z. B. Osspulvit) bestäuben, um den Jungfröschen genügend Aufbaustoffe zuzuführen. Nach sechs Wochen können sie bereits eine Länge von 40 mm erreicht haben. Danach verläuft das Wachstum deutlich langsamer. Erste Quakversuche, wozu übrigens auch die Weibchen befähigt sind, lassen sich bereits in diesem Entwicklungsstadium vernehmen.

Litoria infrafrenata
Australischer Riesenlaubfrosch

Beschreibung: Ein weiterer australischer Riesenlaubfrosch, der gelegentlich zu uns eingeführt wird, ist *Litoria infrafrenata*. Wie der Korallenfinger erreicht er eine Länge von über 10 cm. Er ist wesentlich schlanker gebaut als *L. caerulea* und unterscheidet sich von ihm ferner durch ein auffälliges weißes Unterlippenband, den spitzeren Kopf und eine goldgelbe Augeniris. Seine Füße können leicht rötlich aussehen, womit er die Bezeichnung „Korallenfinger" eher verdient hätte als *L. caerulea*, der nie rötliche Füße hat.

Verbreitung und Lebensraum: Der Riesenlaubfrosch kommt in Neuguinea und den umliegenden Inseln sowie im Nordosten von Australien vor. Im nördlichen Queensland lebt die Art zusammen mit *L. caerulea*, bevorzugt aber feuchtere Biotope.

Pflege im Terrarium: Wie die Korallenfinger benötigen auch die Riesenlaubfrösche sehr große Terrarien. Da sich *L. infrafrenata* viel aktiver verhält als der ruhige Korallenfinger sollten wir das Terrarium eher noch größer wählen. Eine Vergesellschaftung der beiden Arten erscheint bei gleichgroßen Tieren möglich. In diesem Fall sollten wir die Korallenfinger von Hand füttern, um sicherzustellen, daß die langsamen Frösche gegenüber den flinkeren Riesenlaubfröschen nicht zu kurz kommen. Im übrigen verläuft die Pflege ähnlich wie beim Korallenfinger.

Verhalten und Zucht: Die Fortpflanzung läßt sich wie bei der vorgenannten Art dadurch auslösen, daß wir in den Wintermonaten eine „Regenzeit" simulieren. Neben dem täglichen intensiven Sprühen oder der Beregnung mittels einer Motorpumpe sollten wir den Wasserteil über die gesamte Bodenfläche vergrößern, da die Frösche im Wasser ablaichen.

Kurzdarstellung weiterer Arten aus Australien

Art	Größe	Vorkommen	Aussehen	Besonderes
Litoria aurea	bis 9,5 cm	Australien, New South Wales, Victoria, Tasmanien, in Teichen und Sümpfen	Oberseite grün, mitunter braungefleckt mit goldfarbenen Tupfen, Rana-ähnlich	Haltung im Aqua-Terrarium; gefräßige Art, auch Kannibalismus
Litoria bicolor	bis 3 cm	Nordaustralien und Süd-Neuguinea, offene Graslandschaften	Oberseite hellgrün, breite braune Flankenbänder, Unterseite gelb	kleine Art, benötigt eine Trockenzeit im Südwinter
Litoria euknemis	6,5 cm	Nord-Queensland, Neuguinea	Grundfärbung hellbraun mit großen dunkelbraunen Bereichen auf dem Rücken; Hinterbeine mit drei breiten dunklen Querbinden; Iris bronze bis goldgelb	versteckt sich tagsüber in Baumhöhlen; durch seine rindenähnliche Färbung gut getarnt
Litoria peroni	6 cm	Australien, Northern Territory, Queensland, New South Wales	Färbung veränderlich, meistens graubraun; Leisten dunkelbraun-gelb gefleckt; Iris bronze-genetzt; große Haftscheiben	klettert gern, lebt auf Büschen und Bäumen

Literatur

BECH, R. (1991): Über Haltung und Zucht von Polypedates leucomystax. In H.-J. Herman (ed.): Amphibienforschung und Vivarium, 28–30.

BERKOM, W. A. (1975): Die Zucht von *Afrixalus dorsalis* im Paludarium. Die Aquarien- und Terrarienzeitschrift (DATZ), **28**: 244–248 und 282–284.

BEUTELSCHIESS, J. u. C. (1985): Einige Bemerkungen zur Aufzucht von tropischen Hyliden. Sauria, Berlin, **7** (4): 7–12.

COCHRAN, D. M. (1970): Knaurs Tierreich: Amphibien. Droemer Knaur-Verlag, München/Zürich.

DIESENER, G. (1986): Der Korallenfinger *Litoria caerulea* in seinem natürlichen Lebensraum. Herpetofauna, Weinstadt, **8** (42): 9–16.

DUELLMAN, W. E. (1970): Hylid Frogs Of Middle America. Vol. 1 und 2. Monograph of the Museum of Natural History, The University of Kansas.

ENSINCK, F. H. (1978): Zur Zucht des Beutelfrosches *Gastrocheca marsupiata*. Das Aquarium, Minden, **12** (111): 401–405.

FRIEDERICH, U. und W. VOLLAND (1981): Futtertierzucht. Verlag Eugen Ulmer, Stuttgart.

GEISSLER, L. (1986): Der Kuba-Laubfrosch, *Osteopilus septentrionalis*, im Terrarium. Herpetofauna, Weinstadt, **8** (41): 6–8.

HESELHAUS, R. (1982): Vom Ei zum Jungfrosch nur einen Monat – die Aufzucht von *Smilisca phaeota*. Herpetofauna, Weinstadt, **4** (17): 28–30.

– (1983): Hyperolius – Baumfrösche für den Anfänger. Die Aquarien- und Terrarienzeitschrift (DATZ), Stuttgart, **35**: 69–73.

– (1988): Pfeilgiftfrösche. 2. Auflage, Verlag Eugen Ulmer, Stuttgart.

– und M. SCHMIDT (1988): Harlekinfrösche der Gattung *Atelopus*. Herpetologischer Fachverlag, Münster.

JUNGFER, K.-H. (1988): Froschlurche von Fortuna, Panama. Herpetofauna, Weinstadt, **10** (54): 25–34 (Teil 1) und **10** (56): 6–12 (Teil 2).

– (1987): Beobachtungen an *Ololygon boulengeri* und anderen „Knickzehenlaubfröschen". Herpetofauna, Weinstadt, **9** (46): 6–12.

KRINTLER, K. (1983): *Hyla crepitans* – ein nestbauender Baumfrosch. Herpetofauna, Weinstadt, **5** (27): 25–28.

– (1984): *Phyllomedusa hypochondrialis* – Pflege und Zucht eines interessanten Greiffrosches. Herpetofauna, Weinstadt, **6** (29): 6–10.

NIETZKE, G. (1989): Die Terrarientiere, Band 1 (4. Auflage). Verlag Eugen Ulmer, Stuttgart.

OBST/RICHTER/JAKOB (1984): Lexikon der Terraristik. Edition Leipzig.

ROGNER, M. (1986): *Hyperolius viridifla-*

vus taeniatus im Terrarium. Die Aquarien- und Terrarienzeitschrift (DATZ), **37**: 232–236.

– (1986): Tropische Frösche. Albrecht Philler Verlag, Minden.

SCHÜTTE, F. und M. SPIELER (1986): Zur Haltung und Zucht von *Osteocephalus verruciger*. Herpetofauna, Weinstadt, **8** (44): 19–24.

SCHULTE, R. (1977): Mit Geisterblick schleicht er durchs Geäst – der Lemurenfrosch. Aquarienmagazin, Stuttgart **11**: 99–103.

– (1984): Frösche und Kröten. Verlag Eugen Ulmer, Stuttgart.

SINSCH, U. (1990): Froschlurche (Anura) der zentralperuanischen Anden: Artdiagnose, Taxonomie, Habitate, Verhaltensökologie. Salamandra, Bonn, Band **26**, 2/3: 177–214.

SPÖRLE, J. (1982): *Pachymedusa dacnicolor*, ein Greiffrosch aus Mexico – Pflege und Zucht. Herpetofauna, Weinstadt, **4**: (16): 15–18.

STETTLER, P. H. (1978): Handbuch der Terrarienkunde. Kosmos-Verlag, Stuttgart.

SWITAK, K.-H. (1985): Zululand – Paradies für Frösche und Kröten. Das Aquarium, Minden, **19** (194): 427–432.

WEISS, H. (1960): Die Zucht von *Gastrotheca marsupiata*. Die Aquarien- und Terrarienzeitschrift (DATZ), Stuttgart, (**13**): 121–122.

WEYGOLDT, P. (1981): Durch Nachzucht erhalten: Der Makifrosch *Phyllomedusa tomopterna*. Aquarienmagazin, Stuttgart (**15**): 160–165.

– (1985): Ein Kleinod unter den Makifröschen: *Phyllomedusa marginata*. Aquarienmagazin, Stuttgart (**19**): 163–167.

ZIMMERMANN, E. (1983): Das Züchten von Terrarientieren. Kosmos-Verlag, Stuttgart.

ZIMMERMANN, H. (1979): Durch Nachzucht erhalten: Marmorriedfrösche *Hyperolius marmoratus*. Aquarienmagazin, Stuttgart, (**13**): 472–477.

Bildnachweis

S. 17, S. 46 oben: Matthias Schmidt; alle übrigen Fotos von Ralf Heselhaus

Register

Seitenziffern mit * verweisen auf Abbildungen

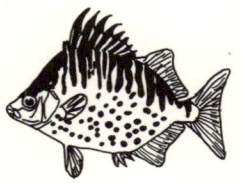

Geckos. Von Friedrich-Wilhelm Henkel und Wolfgang Schmidt. 224 Seiten mit 98 Farbfotos und 22 Zeichnungen. Pp. DM 88,–. Das umfangreiche Buch ⟶ **gewährt einen genauen Einblick in diese vielseitige Tierfamilie.** Im ersten Teil stellt es die biologischen Besonderheiten dar, der zweite Teil gibt ausführliche Hinweise zur Haltung und Zucht.

Schlangen im Terrarium. Von Ludwig Trutnau. Band 1: Ungiftige Schlangen. 3., überarbeitete und erweiterte Auflage. 256 Seiten mit 87 Farbfotos. Pp. DM 68,–. Band 2: Giftschlangen. 3., neubearbeitete und erweiterte Auflage. 271 Seiten mit 90 Farbfotos. Pp. DM 68,–. Zahlreiche bisher unbekannte Schlangenarten wurden in den letzten Jahren nach Europa importiert. In dem jeweils erweiterten und neubearbeiteten zweibändigen Werk, wurde die Beschreibung dieser Arten, ⟶ **wichtige Ergänzungen über Verbreitung, Biotope und Verhalten** sowie jüngste Erfahrungen zu Pflege und Nachzucht mit aufgenommen.

Schildkröten. Von Gerhard Müller. 214 Seiten mit 76 Farbfotos und 28 Zeichnungen. Pp. mit Schutzumschlag DM 68,–. Der Autor bietet eingehende Beschreibungen der charakteristischen Kennzeichen und berichtet weiterhin über Vorkommen und Lebensweise von über 200 Arten und Unterarten. Hinzu kommt eine ⟶ **umfassende Darstellung unterschiedlicher Terrarientypen** sowie die Haltung und Zucht von Schildkröten.

Salamander und Molche. Von Kurt Rimpp. 2., verbesserte Auflage. 205 Seiten mit 32 Farbfotos und 150 Verbreitungskarten. Kst. DM 48,–. Aufgrund umfassender Beschreibung von 200 Arten erfährt der Leser ⟶ **alles Wissenswerte über Kennzeichen, Verbreitung, Lebensraum und Zucht** dieser noch wenig bekannten Schwanzlurche.

Pfeilgiftfrösche. Von Ralf Heselhaus. 2., überarbeitete und ergänzte Auflage. 99 Seiten mit 65 Farbfotos und 3 Zeichnungen. Kt. DM 44,–. Der vorliegende Band behandelt rund 50 Arten und damit ⟶ **alle terraristisch wichtigen Pfeilgiftfrösche.** Die Pflege und Zucht wird aufgrund neuester Erfahrungen dargestellt.

Vogelspinnen im Terrarium. Von Peter Klaas. 148 Seiten mit 123 Farbfotos und 4 Zeichnungen. Pp. DM 88,–. Dieses Buch gibt einen detaillierten Einblick in die geeigneten Arten für die Terrarienhaltung und stellt die Lebensweise der Vogelspinnen vor. Der Leser erhält ⟶ **viele praktische Hinweise zur Haltung und Zucht** dieser faszinierenden Tiere.

VERLAG EUGEN ULMER